爱因斯坦谈人生

[美] 海伦·杜卡斯 巴纳希·霍夫曼 编选
李宏昀 译

Albert Einstein
THE HUMAN SIDE

复旦大学出版社

原出版者的话

普林斯顿大学出版社已经把学术性的《阿尔伯特·爱因斯坦文集》纳入出版计划，总共有二十卷之多。这项浩大的工程将耗时数年，目前才刚刚起步。在工作中我们有缘见识了海伦·杜卡斯（Helen Dukas）女士的收藏。这位女士从1928年开始担任爱因斯坦的秘书，直到他1955年逝世；此后她一直是爱因斯坦档案的保管者。她出于个人兴趣收集的大量书信及其他只言片语，堪称爱因斯坦性格气质的结晶。我们被藏品打动了，于是在征得杜卡斯女士及奥托·纳坦（Otto Nathan）博士——阿尔伯特·爱因斯坦的遗产托管人——的慷慨同意后，我们决定印出这样一本小册子。纽约城市大学女王学院的巴纳希·霍夫曼（Banesh Hoffmann）教授应邀在这个项目中协助杜卡斯女士。霍夫曼博士曾经是爱因斯坦的合作者，已经同杜卡斯女士合写过一部爱因斯坦的权威传记《阿尔伯特·爱因斯坦：创造者和叛逆者》；1973年美国物理学会及美国钢铁基金会为这部作品颁发了优秀科学作品奖。他和杜卡斯女士乐得再次合作，本书就是合作成果。

在普林斯顿大学出版社，这本小书给了我们特别的快乐。说起来，爱因斯坦作品在美国的首次面世就是通过我们，那是1922年出版的《相对论的含义》；我们也是他最后的出版者，因为第五版《相对论的含义》包含了爱因斯坦关于广义相对论的最终论述。而本书提供的视角为我们补完了伟人的另一面：他不仅是伟大的科学家，他也是伟大的人。

阿尔伯特·爱因斯坦是他那个时代最伟大的科学家，他的名气也最大。而且他常写回信。所以就有了眼前这本小书。

和上一本书《阿尔伯特·爱因斯坦：创造者和叛逆者》不同，本书并非传记，也不阐释爱因斯坦的科学思想。我们没有编排章节，不加目录也不附索引；乍一眼看去全无体例结构可言。本书引用的内容，大部分是爱因斯坦迄今从未发表过的书信，以及他不为发表、信笔写下的只言片语。对此我们无须置喙过多，让它们自己说话便是。

有些文稿本身即由地道的英文写成，我们就逐字照搬。有些文稿的英文略嫌生硬，我们便稍作调整，同时尽量保留那富于魅力的德文风味。至于其余部分，我们都给出英语译文。有很多稿件寄出的是英文，但德文底稿还在；遇到这种情况我们就直接上现成的英文版，不作重译了。

在科学方面，爱因斯坦堪称卓越的艺术家，理论的美感摄人心魄；在文字功力上，爱因斯坦也相当不俗。因此，本书最后部分将附上现有的德语文稿与底稿，以便熟悉德文的读者诸君能够亲口品尝爱因斯坦的文章风味。（中文版略——译者）

爱因斯坦一生追求和平。关于这个话题已经有一整本书了，那便是《爱因斯坦论和平》（纽约舍肯书局）。书的覆盖面足够详尽，我们若想就此话题找出一星半点未曾发表的材料那是难上加难。所以，想对爱因斯坦这方面的观点刨根问底的读者请去阅读那本书。不过，我们从那本书中选取了一篇长文，这么做的道理有两层：首先，它本身是一篇有力的檄文，特别值得发表；同时，我们在此发表它也是为了向《爱因斯坦论和平》整本书致敬，因为重新刊行这些内容是我们由衷的愿望。

文稿的编排次序并非随心所欲。当记忆的阀门被打开，一个个断片从丰富的人生中奔涌而出，联缀成系列。不期而遇的转折，是记忆自身的逻辑，引领我们在时间的长河中回溯或前行。本书便是由一串串系列构成，每个系列自成一体，在编排格式上彼此区分。当然，把每一篇文稿单独抽出来欣赏也未尝不可；但本书的宗旨一以贯之：读者诸君走完这段处处留情的旅程之后，想必会对爱因斯坦整个人有了更深更亲切的了解。

想要在旅程中带上地图的话，请翻到本书最后，那儿有一份简短的爱因斯坦生平简表。

一

"夸耀角落"

一本关于爱因斯坦的书,劈头就同时违反三条规矩,也并无不妥:首先,这里涉及爱因斯坦未曾回复的一封信;其次,我们用上了脚注;第三,这份稿子之前已经发表过了。

1952年夏天,有位先前的传记作者卡尔·希利格(Carl Seelig)来信,向爱因斯坦询问他第一次获得荣誉博士学位时的详情。爱因斯坦回信说,那件事发生在1909年。当时他还在伯尔尼的瑞士联邦专利局谋生,尽管他早在四年前就发表了狭义相对论。为了庆祝加尔文创建该校350周年,日内瓦大学在1909年的夏天颁发了100多个荣誉学位。爱因斯坦

回信的原文是这样的:

有一天,我在伯尔尼的专利局收到一个大信封,里面是一张装帧精美的纸片。纸上用花哨的字体(简直令我相信这是拉丁文①)印了些貌似与我无关也无甚趣味的内容。②于是这东西立刻进了办公室的废纸篓。后来我才知道,这是在邀请我参加加尔文庆典,并且宣布我已被日内瓦大学授予了荣誉博士学位。显然,日内瓦大学的人正确地理解了我的沉默,于是他们求助于我的朋友兼学生卢西恩·查文(Lucien Chavan)。他是日内瓦人,但当时住在伯尔尼。他劝我去日内瓦,因为这事推也推不掉——此外他没作什么解释。

于是我在指定的日子赶赴日内瓦。当晚,在我们下榻的旅馆的餐厅,我认识了几位来自苏黎世的教授……他们各自说了自己是以什么身份来的。由于我

---

① 其实是法文,用书写体印成。
② 这份令人难忘的文件上有个显著错误,或许是它触动了爱因斯坦的下意识并影响了他的行动:学位接受者被印成了"特恩斯坦(Tinstein)先生"而不是"爱因斯坦(Einstein)先生"。

一言不发,他们便问起我这个问题,我只得承认我对此一无所知。好在他们什么都知道,并且不吝向我透露了内情。第二天人们要我和一群学者一同露面,但我身上只有草帽和便服。我想一个人待着,这个要求被断然拒绝。由于我的参与,这次庆典显得颇为滑稽。

庆典以宴会告终,这可算是我一生中参加过的最丰盛奢华的宴会了。我问坐在我身边的日内瓦显贵:"假如加尔文还在这里,你知道他会干什么吗?"他表示不知道,并问我有何高见。我说:"他准会竖一个大火堆,把咱们这些饕餮之徒全都烧死。"那男人再也没有吭声。以上就是我对这次难忘的庆典活动的回忆。

1936年下半年,伯尔尼科学协会寄来了刚授予爱因斯坦不久的学位证书。翌年1月4日爱因斯坦从普林斯顿写了回信,信中写道:

得知伯尔尼科学协会如此惦念我,你们不晓得我有多高兴。仿佛是早已逝去的青春岁月向我传来了消息。惬意而富于激情的夜晚又一次浮现在脑海,尤其是内科教授萨利(萨利斯?)对课程内容的精彩评论。我立马给这份证书镶上了镜框。我获得过各种证书,但悬挂在书房里的仅此一份。它使我想起我在伯尔尼度过的时光,以及我在那里的朋友们。

请向协会成员传达我诚挚的谢意,他们的善意令我不胜感激。

有一点需要补充一下:收到这份证书时,爱因斯坦说:"这玩意我得镶好挂起来,因为那会儿他们曾经嘲笑过我和我的观点。"当然,爱因斯坦获得的其他荣誉不计其数,但他并没有把它们镶入镜框挂到墙上。它们被藏在角落里,爱因斯坦名之为"夸耀角落"。

名气越大,人就越笨

1915年,第一次世界大战期间,爱因斯坦在柏林完成了他的杰作——广义相对论。它把相对论推广了，并且为引力现象提供了新解释。该理论涉及许多问题，其中包括对引力场中光线弯曲的预测。在1919年的一次日食观察中，英国科学家——尤其是阿瑟·埃丁顿（Arthur Eddington）——证实了爱因斯坦的这一论断。消息被正式公布后，爱因斯坦一夜之间名满天下。他向来对这种事摸不着头脑。那一年的圣诞节，爱因斯坦在给苏黎世的朋友亨利希·粲格尔（Heinrich Zangger）的信中写道：

我名气越大，人就越笨，这当然再正常不过。人的实际状况往往和众人眼中——或众人口中——的形象相去甚远，我辈对此只好一笑置之。

爱因斯坦的声名持久不衰。慕名给他来信的人不计其数，信件内容无奇不有。例如，1943年1月3日，华盛顿哥伦比亚特区的一位学生写信给爱因斯坦，信中提到她数学成绩较差，因此不得不比大部分朋友加倍用功。

爱因斯坦于1943年1月7日作了回复。回信用

英文写成,从普林斯顿发出。信中写道:

对于数学上的困难,你不用太担心;说实在的,我在这方面遇到的困难比你大得多。

简　　历

1895年,年轻的爱因斯坦辍学一年后,在阿劳城的瑞士阿尔高州立学校入学学习。1896年11月7日,他给阿尔高州当局寄去了这样一份个人简历:

我于1879年3月14日出生于乌尔姆,一岁时迁居慕尼黑,一直住到1894—1895年冬天。我在那里上了小学,又在卢伊特波尔德中学就读,但未能读完七年级课程。从那时起到去年秋天,我住在米兰,靠自学继续学习。去年秋天以来,我在阿劳的州立学校上学。现在我冒昧地申请参加毕业考试。我的下一步计划是去联邦工艺学院第六系学习数学和物理。

多年后,已经成名的爱因斯坦有机会起草了另一份简历。这份简历中有些内容颇有意思。

1652年,德国莱奥波尔特皇帝科学院成立于霍尔城。歌德曾经是这个科学院的院士。1932年3月17日,为纪念歌德逝世100周年,科学院投票决定邀请爱因斯坦当院士。爱因斯坦表示接受,于是学院院长遵循古老传统,寄给他一份载有九个基本问题的履历表。由于篇幅有限,爱因斯坦用简洁的电报式文体作了回答。

当时纳粹尚未掌权,但反犹宣传已是甚嚣尘上。因此爱因斯坦对第一个问题的回答有着特殊意味。其文如下(着重号为编者所加):

一、我于1879年3月14日出生于乌尔姆,父母均为犹太血统。父亲经商,我出生后不久他就迁往慕尼黑,1893年迁往意大利,其后他一直在那里居住,直到1902年去世。我没有兄弟,只有一个妹妹,她也住在意大利。

第二、第三个问题问的是他青年时期和所受教育的细节,他都认真作了回答。第四个问题涉及他的职业生涯,他答复如下:

四、自1900年至1902年我在瑞士担任私人教师,其间也担任过短期的家庭教师,并加入瑞士国籍。1902—1909年,我受雇于联邦专利局,担任专家(检查员)。1909—1911年,我在苏黎世大学担任助理教授。1911—1912年,我在布拉格大学任理论物理学教授。1912—1914年,我在苏黎世联邦工艺学院任理论物理学教授。自1914年以来,我一直担任柏林的普鲁士科学院带薪院士,因此可以全心投入科学研究工作。

第五个问题涉及他的成就和著作。答复中的有些日期令人困惑。例如,狭义相对论的发表显然不在1906年而在1905年,而广义相对论是在1915年而不是1916年。很可能爱因斯坦是仅凭记忆来回答这些问题的,而记忆又在同他开玩笑。他的回答如下:

五、我的著作几乎全是物理学短篇论文,它们大部分发表于《物理学年刊》和《普鲁士科学院记录汇编》。其中最重要的论文涉及以下几个问题：

布朗（Brownian）运动（1905年）

普朗克（Planck）[①]公式和光量子理论（1905年，1917年）

狭义相对论和能量的质量（1906年）

1916年及其以后的广义相对论。

此外还应提及几篇关于热量波动的论文，以及（1931年）与W·迈耶（W. Mayer）教授合写的关于引力和电的统一性的论文。

第六个问题问及科学旅行。他的回答如下：

六、偶尔去法国、日本、阿根廷、英国、美国等地讲学。除了去帕萨迪纳[②]以外，这些旅行的目的都与研究无关。

[①] 麦克斯·普朗克（1858—1947），德国物理学家，因提出量子假说于1921年获得诺贝尔物理学奖。——译者

[②] 帕萨迪纳是美国加利福尼亚州南部、洛杉矶东北郊的卫星城市，有以加利福尼亚理工学院为首的许多工科研究机构。——译者

第七个问题问及他的工作目标。他回答道：

七、我从事研究的真正目标始终是对理论物理学体系的简化和统一。在宏观现象上我已经达到了目标，但是在量子现象和原子结构方面尚未成功。在我看来，尽管现代量子理论已经取得相当的进展，但它在解决后一组问题方面还远远未能令人满意。

第八个问题问的是他所获得的荣誉称号。爱因斯坦是这样回答的：

八、我担任了许多科学协会的会员，并获得了一些奖章。莱顿大学任命我为客座教授，我同牛津大学（基督教堂学院）也有这样的关系。

引人注目的是，爱因斯坦对1921年获得的诺贝尔物理学奖只字未提，这肯定不能再解释为记忆不灵。

最后一个问题显得有点虎头蛇尾：它问的是爱因斯坦的"确切"地址。

我对未来的计划

爱因斯坦在阿劳读书时曾学过法语。这里我们把爱因斯坦的一篇法语作文——当然已经被法语老师修改过——逐字译成英文，刊载如下。作文题目看上去像是老师给全班同学的命题，当时爱因斯坦年方十六。

我对未来的计划

快乐的人满足于现状，不大为未来考虑。而另一方面，年轻人总喜欢大胆地畅想未来。对一个严肃认真的年轻人来说，尽可能准确地为自己树立人生目标，是十分自然的事情。

如果我有幸通过考试，我将到苏黎世的联邦工艺学院学习。在那里我将用四年时间学习数学和物理。我希望自己能够成为自然科学这些分支的教授，我喜爱的是其中理论性的部分。

我制订这样的计划，理由如下：首先，我个人擅长抽象思维和数学思维，不善于幻想和实践。再者，我的心愿也促使我作出上述选择。这很自然：人总是喜欢做他擅长的事情。此外，科学工作有一定的独立性，这也让我颇感称心。

在一篇未曾发表的传记性短文中，爱因斯坦的妹妹玛雅（Maja）提到，爱因斯坦总是对人们倍加珍视甚至视为不可或缺的物质类东西缺乏兴趣。据妹妹回忆，少年爱因斯坦常这么说："我的餐厅里只需要一张松木桌子、一条长板凳和几把椅子就够了。"

经济状况

下面是爱因斯坦 1898 年写给妹妹的一封信的摘录，当时他在苏黎世上学（他在信件开头总是称呼她

为"亲爱的妹妹",正如他后来称呼比利时伊丽莎白[Elizabeth]王后为"亲爱的王后"):

当然,让我压力最大的是父母遭受的(经济上的)不幸。我已长大成人,却依然无所作为,一点忙都帮不上,真是令人肝肠欲断。我是家庭的负担……说实在的,要是当初没生下我,那倒好了。有时候,只有这样的想法能让我支撑下去、免于绝望:我毕竟一直在我力所能及的范围内努力着;日复一日、年复一年,我不允许自己在学习、研究以外有别的娱乐消遣。

此后不久,也是在1898年,他父母的经济状况略有好转。爱因斯坦在给妹妹的信中写道:

手头的工作有不少,但也还好。因此,有时候我能在美丽的苏黎世周边逛上个把钟头。另外,我很高兴父母最大的心病已经消除了。假如人人都像我这样生活,那想必不会有什么浪漫小说……

时光流逝,我们离开爱因斯坦早年的学生时代,来到他在柏林普鲁士科学院任院士的头几年。1918年,他的广义相对论已告完成。苏黎世的联邦工艺学院发出建议,想看看爱因斯坦是否愿意离开柏林回工艺学院担任教授。爱因斯坦在给妹妹的信中写道(结尾的省略号原文中就有):

我没法放下柏林的一切。这里的人如此和善、乐于助人,难以用语言描绘。要是18年前我能留在联邦学院当低级主教,那我肯定欣喜若狂!可惜没有成功。世界真是疯狂,有了名望就有了一切。说到底,别人也能把课上好——可是……

真正有意义的事物

下面这封信也是爱因斯坦写给他妹妹玛雅的,时间在上一封之后,信上标着 1935 年 8 月 31 日。自他在柏林的早期岁月以来,世界上已经发生了很多事情。

此时的爱因斯坦正在普林斯顿发展他的广义相对论,力求向统一场论进军。同时,他本能地对量子理论的发展保持着警惕,尽管大部分物理学家都心平气和地接受了这个理论。他专注于物理学研究,但并没有因此无视外间世界的风云变幻。他在这封给妹妹的信中写道:

至于我的工作,虽然开头给人信心,如今却进展缓慢、问题丛生。在这基础物理的研究领域,我们都在黑暗中摸索;有人对自己的尝试踌躇满志,旁人却往往不以为然。如此生活真可谓一生悬命,只有终了才是解脱。不过令我感到欣慰的是,我工作的精华部分已经被大家接受,成为科学研究的基础。

当下的重大政治事件令人沮丧,这个时代的人真是孤独。人们似乎已经丧失了对正义和尊严的热情,先辈们用巨大牺牲换来的东西正变得一钱不值……归根结底,一切人类价值的基础在道德,早在原始时代我们的摩西①就认清了这一点,这正是他的卓异之

---

① 《圣经》故事中古代犹太人的领袖,曾向犹太民族传授上帝的律法。——译者

处。与此相反，看看今天的人……

1936 年，爱因斯坦在给妹妹的信中写道：

我没攒下别的东西，除了一堆未曾回复的来信。人们理所当然地会对我不满，但是对一个着了魔的人还能指望什么？和年轻时一样，我无休无止地坐在这里冥想、演算，希望把深藏的奥秘发掘出来。这个所谓的伟大世界，喧嚣的人世，越发地对我没有吸引力了。日复一日，我感到自己越来越像一名隐士。

下面摘录的这封信，是爱因斯坦于 1918 年春天从柏林写给他苏黎世的朋友亨利希·粲格尔的。这时爱因斯坦已经阐明了广义相对论，但日食验证和名满天下的荣誉尚未来到。爱因斯坦的大儿子当时约 14 岁，已经显露出对工程技术的浓厚兴趣：

一开始我也想当工程师的，但我发现这一点让我不能忍：把发明创造的能力发挥在那些让生活更加精致、复杂的玩意儿上，仅仅为了无聊地赚钱。为思维本身而思维,恰如在音乐里!……没有特别的问题占据我头脑的时候,我就喜欢重新验证早已熟知的数学、物理定律。做这种事没什么目的可言,仅仅是为了沉浸在思维的愉悦中……

1949年8月20日,为了回答一封询问他科学研究动机的来信,爱因斯坦用英文写道:

我从事科学研究完全是出于一种不可遏制的想要理解大自然奥秘的渴望,除此别无其他。我爱正义,竭力要为改善人类状况作贡献,这些与我对科学的兴趣互不相干。

1934年2月13日,爱因斯坦给一位与他交流的对科学感兴趣的门外汉写了一封信,信中有这样一句:

至于探索真理,我从自己时时撞进死胡同的痛苦探索中认识到,在朝着理解真正有意义的事物方面,每迈出一步都难上加难——无论这一步多么渺小。

在柏林生活的日子里，爱因斯坦常访问荷兰，他在那里有许多科学界的朋友。有次在访问莱顿期间，爱因斯坦在一本关于卡默林-昂纳斯（Kammerlingh-Onnes）教授的纪念册上写了一段话。昂纳斯教授是低温物理学的先驱，曾于1913年荣获诺贝尔物理学奖。爱因斯坦写这段话的日期是1922年11月11日：

科学理论家不值得被羡慕，因为大自然——确切地说，实验——总是毫不留情并很不友善地评判他的工作。它从不对一个理论说"是"，即便是最获它青睐的理论，得到的也不过是个"或许"——而绝大部分理论只有被"否"的份。如果实验同理论相符，那就意味着"或许"；不相符，就是一个"否"字。也许每一项理论早晚都会被"否"掉；而对于有些理论来说，这件事无须等太久。

1936年5月26日，爱因斯坦在一封寄往科罗拉多州的回信中写道：

外部事件能够为一个人的思想、行动确立方向。

每个人都可能遇上这样的事，但是对于大部分人，这种事只是过眼云烟。拿我来说，小时候父亲曾经给我看一个小罗盘；这令我印象深刻，而且肯定对我的一生影响不小。

我初次研习黎曼（Riemann）①的理论时，广义相对论的基本原理早已确立了。

爱因斯坦经常谈到他看到罗盘时的那份惊喜。显然，这是他人生中的大事。他关于黎曼理论的话也很重要。爱因斯坦把黎曼的理论拿来作广义相对论的数学基础；有人认为，在物理学理论尚未成形之前爱因斯坦就根据黎曼的理论在进行构思了。当然，还是爱因斯坦本人的说法对，他不止一次地说明过这个问题。

1908年2月17日，有点忿忿不平的爱因斯坦从伯尔尼专利局写了张明信片给约翰尼斯·施塔克

---

① 伯恩哈德·黎曼（1826—1866），德国数学家，黎氏几何学的创始人，复变函数创始人之一。——译者

(Johannes Stark)——这位德国物理学家后来也荣获了诺贝尔奖。这里是摘录：

得知你不承认惯性质量和能量之间的联系是我先发现的，我大吃一惊。

这里说的是爱因斯坦那个现在已经妇孺皆知的公式 $E=mc^2$。2月19日，施塔克来信作了详尽的回答，这份信充满了友善和钦佩之情。施塔克向专利检查员爱因斯坦表示，他逢人就夸奖爱因斯坦，假如爱因斯坦看不到这一点那就大错特错了。1908年2月22日爱因斯坦回信说：

我竟然会为发现的优先权如此冲动……甚至在收到你的回信之前，我就已经愧悔不已；你详尽的来信进一步让我明白我的神经过敏是毫无道理的。能够对科学发展做出贡献本身就够幸运的了，何必让这种事破坏共同成果带给自己的欢乐……

不幸的是，友善的交流并未带来友善的结果。随着纳粹的得势，施塔克同其他许多人一样，对爱因斯坦及他的著作进行了教条主义的攻击。

1927年3月爱因斯坦讲过一次课，课的内容被一位听众逐字逐句记录了下来。这位听众向科学杂志《自然科学》的编辑阿诺尔德·贝林纳（Arnold Berliner）建议在杂志上发表这些内容。贝林纳就此征询爱因斯坦的意见，爱因斯坦答复如下：

我不赞成发表这些内容，因为课程的原创性不够。人得对自己严格要求。应当尽可能地把不重要的东西全都删去，不然就不要指望别人来阅读自己的作品。

时间是个筛子

1949年2月22日，爱因斯坦给作家马克斯·布罗德（Max Brod）写了一封信。布罗德当时正在光火，因为有位书评家在评论菲力普·法兰克（Philipp Frank）那本优秀的爱因斯坦传记时，对他的书作了错误的点评。爱因斯坦在信中写道：

（伦敦）《泰晤士报》文学增刊上的一篇书评竟让你如此义愤填膺。你固然在理，可我依然忍俊不禁。有人为了挣点小钱写了篇浮光掠影的文章，半通不通，没人会认真阅读的；你何必那么当真？外面发表的关于我的无耻谣言和胡诌多得可以用桶来装，如果在意这些，我早成泉下之鬼了。这样安慰自己吧：时间是个筛子，重要的东西多半都会漏过网眼落入遗忘的深渊；而被时间挑剩下的，往往仍是些陈词滥调罢了。

下面这句话与此有关，它来自爱因斯坦于1930年3月21日写给朋友埃伦弗斯特（Ehrenfest）的信：

只要涉及我，即便是小声嘀咕都会变成嘹亮的军号。

以下这话来自爱因斯坦于 1953 年 10 月 25 日写给他的传记作家卡尔·希利格的信：

过去我是真不知道，我每一句漫不经心的评语都会被人抓住并记录下来。不然的话，我准会往自己的壳里钻得更深些。

英国人的有些方面

爱因斯坦发现英国人的有些方面挺奇葩的。比如爱因斯坦的秘书海伦·杜卡斯生动地回忆起这么件往事：1930 年，他们乘船前往美国，轮船在南安普敦稍作停留。有位英国记者走上前来问她是否可以采访爱因斯坦，杜卡斯深知爱因斯坦的脾气，于是回答"不"，并且打起精神准备大战一场。可是令她吃惊的是，记者一听到"不"字就表示接受，二话不说离开了。这并不是唯一的例子，其他英国记者也这样。她

把这事告诉了爱因斯坦,这使得爱因斯坦的旅行日记中多了这么一段:

> 1930年12月3日(南安普敦):……在英国即使是记者也很自持!光荣属于当之无愧者。一个"不"字足够了。人们可以从这里学到很多——我自己就不学了,我总是穿得邋里邋遢,就连参加圣餐仪式时也是。

在这之后,F·A·林德曼(F. A. Lindemann)教授安排爱因斯坦去牛津大学参观。林德曼教授后来担任了温斯顿·丘吉尔(Winston Churchill)的科学顾问。爱因斯坦住在基督教堂学院,这里的典礼仪式和牛津的其他学院大同小异。和大多数学院一样,这里只收男生。房间里冷冰冰的。每天晚上,总共五百名的学监和学生会穿着长袍校服隆重地聚集在大厅里进晚餐,并用拉丁语作感恩祷告。下面是爱因斯坦旅行日记中的一段:

> 牛津,1931年5月2—3日:淡定地待在(我的)

小屋里,冻得够呛。晚上:拖着尾巴的圣兄圣弟们庄严地共进晚餐。

在大自然面前

下面这段日记换了个话题,它说的是一场海上风暴:

我从未亲历过今晚这样的风暴……大海呈现出的壮观非语言所能描述,尤其是日落时分。

人们觉得自己仿佛已经消融,与大自然融为一体。我们比平时更真切地感受到自己是多么渺小,这种感觉令人愉快。

1920年或更早,爱因斯坦曾把自己的一幅蚀刻画赠给一位柏林的朋友汉斯·穆扎姆(Hans Mühsam)医生。这幅画是赫尔曼·斯特鲁克

(Hermann Struck)制作的。爱因斯坦在画像下方写了这样一段话:

客观地衡量,人通过激情澎湃的求索与抗争从真理手中俘获的东西,实在是微乎其微。但是这样的斗争能够解开自我的束缚,使我们和史上最好、最伟大的人结为同志。

1922年3月15日,爱因斯坦在给同他一样从事理论物理的朋友保尔·埃伦弗斯特(Paul Ehrenfest)的信中写了这样一句话:

在大自然面前——以及在学生面前,一位理论物理学家是多么的寒伧!

二

"人活着到底为了什么?"

1950年12月初,爱因斯坦在普林斯顿收到一封19岁的大学生亲笔写来的长信,这位学生来自拉特格斯大学。信中说:"先生,我想问您,'人活着到底为了什么?'"他排除了诸如金钱、功名以及助人为乐之类的答案,接着说:"坦率地讲,先生,我甚至不知道自己为何走进大学学习工程。"他感到人活着"没有任何目的",并引用布莱斯·帕斯卡尔(Blaise Pascal)[①]《思想录》中的一段话来概括自己的感受:

[①] 帕斯卡尔,又译巴斯葛(1623—1662),法国数学家,物理学家,哲学家,散文家。——译者

"我不知道是何种力量让我降生于世，不知道世界是什么，也不知道我是谁。我对万物一无所知，我不知道自己的身体、感官、灵魂，甚至不知道我自身的组成部分：它令我言说，它思考一切并思考自己，它了解自身并不比了解其他事物更多。我看到可怖的宇宙空间环绕着我，我感到自己被束缚在这广袤宇宙的狭小一隅；我不知道自己为何在此处而不在彼处，也不知道为何我被赐予的这段短暂时间恰好属于此刻而不属于永恒的另一刻——在我之前或在我之后的时刻。极目四望，除了无限以外别无一物，被困在中间的我如同一个原子，像影子一般稍纵即逝一去不返。我唯一确知的是我终有一死，但我最不理解的就是这个无法逃脱的死亡。"

这位学生说，帕斯卡尔认为这些问题的答案在宗教，但他不能苟同。描述了人在宇宙中的渺小无力之后，他还是恳请爱因斯坦为他指出一条正确的道路，并说明理由。"请不要顾及情面"，他说，"如果你认为我已误入歧途，请把我引回正路"。

面对这样一封尖锐的求援信，爱因斯坦没有敷衍了事。他的态度准会使那位学生有所振作，并减轻他那疑虑给他自己带来的孤独和重负。爱因斯坦收到来信后没过几天就用英文从普林斯顿寄出了回信,那是在1950年12月3日。信中写道:

你为探索个人和整个人类的生活目的进行了如此热忱的努力,这令我深受感动。在我看来,以这种方式提问,是得不出合理答案的。当我们说某个行动有何目的的时候,意思无非是:通过这一行动及其结果,我们想满足何种欲望,抑或想避免何种不希望出现的后果?当然,我们也可以从个人所属的集体出发,明确说出一项行为的目的。在这种情况下,行动的目的也同构成社会的个体欲望不无关系——起码是间接地有关。

如果你要问,作为整体的社会或作为整体的个人有何目的,那么问题的意义就消失了。当然,如果你问作为整体的自然界有何目的或意义,情况就更是如此。因为在这种情形中,人若是硬要说自己的欲望与整体事态发展有关,那是十分武断的,即便不是毫无理由。

尽管如此,我们仍该自问:要如何度过自己的一生。这个问题合理而且重要。我个人认为，答案是这样的：在力所能及的范围内满足大家的欲求和需要，并建立和谐美好的人际关系。这就需要大量的自觉思考和自我教育。不容否认，就这一重要领域而言，较之当今的学校、大学，开明的古希腊人和古代东方贤哲们达到的程度要高得多。

扪心自问

1951年10月28日，一位心理学专业的研究生向普林斯顿的爱因斯坦来信求教，信的文笔颇为漂亮。这位学生是家中独子，同他父母一样，是犹太人，但并不接受正统的犹太教义。一年半以前，他深深地爱上了一位信仰浸礼会教义的姑娘。这对恋人深知，信仰方面的隔阂会对婚姻造成困扰，而且人们漫不经心的议论也容易伤人；不过他们积极地与亲友熟人接触交往，感到压力、困难并非无法克服。这位姑娘还主动表示愿意皈依犹太教,这样他们将来的子女就能拥有更加和谐的家庭生活。小伙子的父母喜欢这位姑娘,但不同宗教信仰间的通婚令他们不胜惊惶,所以坚决反对。小伙子舍不得这位姑娘,但他又不愿同父母决裂而给他们造成终生难愈的创伤。他问爱因斯坦,当人试图开创新生活的时候,把妻子看得比父母更重要是否正确。

爱因斯坦在来信背面用德文起草了回信底稿。寄出的回信多半是英文,但爱因斯坦的文件档案中只有这份德文底稿了。以下是译文:

我得坦率地讲,就那些决定孩子们人生方向的重大决策而言,我不赞同父母施加影响。这种事应该由孩子自己说了算。

不过,当你想要作出你父母并不赞成的抉择时,你得扪心自问:我的内心深处是否已经足够独立,使得我能够在违反父母意愿的同时不丧失内在的均衡宁静?如果你对此没有把握,那么我不鼓励你采取下一步行动——这也是为了姑娘的利益。以上就是你作出选择的唯一依据。

击中事物内核

1952年12月8日,一位在布朗大学学哲学的20岁大学生给普林斯顿的爱因斯坦亲笔写来一封热情洋溢的长信,滔滔不绝地表白他从记忆所及起就一直狂热地崇拜爱因斯坦;长期以来,爱因斯坦的一切,无论是理论、观点还是人格,都深深地吸引着他。他不知道爱因斯坦是否能抽空回他封短信。这位大学生知道,爱因斯坦同他素不相识,因此短信没法涉及个人信息;但他希望爱因斯坦无论如何能跟自己说点什么。

1952年12月9日,爱因斯坦用英文写了回信:

> 对于一个为抓住一丁点儿真理奋斗终生的人来说,亲眼目睹有人真正理解并喜欢自己的工作,可谓最好的报偿。因此我对你的溢美之辞不胜感激。我闲暇不多,只能回赠你短短几句。
>
> 诚然,没有经验作基础,我们掌握不了真理。然

而，当我们探索得愈深入，理论愈包罗万象，决定理论的所必需的经验知识就会愈来愈少。

1931年10月4日，爱因斯坦在柏林天文馆作了个讲座。第二天，一位未能前去听讲座的记者在报纸上读到了相关报道并把剪报寄给了爱因斯坦。以下是报上记载的爱因斯坦讲座内容：

要创立一门理论，仅仅把记录在案的现象收集起来是远远不够的——必须加上人类心智的大胆想象，如此才能击中事物内核。物理学家不能满足于遵循现象、单纯从现象来思考问题；他必须运用推理，探究事物的深层形式。

啊，年轻人

爱因斯坦一家在柏林附近的卡普特有一套避暑住

宅，他们都非常喜欢。后来这所房子被纳粹没收，而早在1932年，前景就已经颇为黯淡。卡普特一位邻居的女儿有一本纪念册，有一次她请爱因斯坦在里边题辞留念。1932年，爱因斯坦在纪念册中这样写道：

啊，年轻人，你们可知道，人类并不是从你们这一代才开始向往美好自由的生活？你们可知道，历代先辈们都同你们有着一样的渴望——然而总是有种种困扰仇恨令他们纷纷碰壁？

你们可知道，只有在对世间万物的爱和理解中，这般炽热的愿望才可能实现？无论男女老幼、飞禽走兽、树木花草还是日月星辰，在爱和理解中，让它们的欢乐成为你的欢乐，它们的痛楚成为你的痛楚。睁开眼睛，敞开心扉，伸出双手；不要像祖先们那样，贪婪地沉溺于历史的毒酒中。让整个大地都成为你的祖国吧，这样你的一切努力都将成为福祉流布四方。

俄亥俄州一位五年级教师发现，许多学生在得知人类也属于动物界时，都感到震惊。他建议大家写信向伟大学者们征求意见。1952年11月26日，他选

取了一部分信件寄给普林斯顿的爱因斯坦,请他抽空答复。1953年1月17日,爱因斯坦用英文答复如下:

亲爱的孩子们:

我们不应该问"什么是动物",而应该问"我们称之为动物的是什么?"我想,当一件事物具备如下特征时,我们便称之为动物:它必须吸收营养,它从与自己相似的先辈繁衍而来,它生长,它独立走动,它到一定时候就会死亡。因为这样的理由,我们把昆虫、鸡、狗、猴子都称为动物。那么人类呢?用上面的方式考虑一下这个问题,然后你们就可以判断把人类称为动物是不是件很自然的事情了。

1952年2月25日,英国一所中学的"六年级协会"写信给爱因斯坦,兴奋地通知他,协会所有成员几乎全体一致地推选爱因斯坦担任协会会长。诚然,这一职位无须承担任何义务;再说根据组织的规章制度,他们也没有设立会长的规定。但是他们感到,爱因斯坦会喜欢这么个结果,因为这是协会对爱因斯坦伟大工作的承认。

1952年3月17日，爱因斯坦用英文回复如下：

作为一个曾经的教员，我非常乐意接受贵协会对我的任命，并为此感到自豪。尽管我是个老吉普赛人，对于受尊敬的事物有那么种由来已久的倾向——你们懂的。然而我不得不说，对于你们事先未经我的同意就作出此项任命，本人略感困惑（倒也不是大不了的困惑）。

爱因斯坦的回信被镶入镜框挂在学校图书馆里，"六年级协会"就在此聚会。这封信很可能至今依然挂在那儿。

宗教情感

1936年1月19日，纽约市一所主日学校的六年级学生在老师的鼓励下给普林斯顿的爱因斯坦写了一封信，询问他，科学家是否祷告，如果祷告的话，他们祈求什么？1936年1月24日，爱因斯坦写了这样一封回信：

我试着尽量简洁地回答你的问题。我的答复如下：

科学研究建立在这样的观点之上：世间发生的一切都由自然规律决定，人类行为也是如此。因此，一个从事研究的科学家很难相信，凭借祈祷、凭借向超自然的上帝表达愿望就能影响事物。

然而必须承认的是，我们对于自然规律的认识是不完善的、支离破碎的；因此，相信自然界存在包罗一切的根本规律，这也仅仅是种信念。迄今为止，科学研究所取得的进展在很大程度上表明这一信念站得住脚。

另一方面，任何一位认真从事科学研究的人都深信，有那么种精神显现在宇宙规律中——它远远超越了人的精神，面对它，能力有限的我们应当谦卑敬畏。以这种方式，科学研究会产生一种特别的宗教情感，它和幼稚的人所笃信的宗教大不相同。

值得指出的是，这封信写成的时候，海森堡的测不准原理以及对量子力学的概率论解释——这是对严格决定论的否定——已经发表了十年。

下面这封信不解自明，它是爱因斯坦在1935年12月20日从普林斯顿寄出的。现在已经没有任何记录能说明这封信的背景，幸好这个问题不大。或许它是某人口头请求的结果：

亲爱的孩子们：
当我想象你们在圣诞灯光的照耀下济济一堂欢庆佳节时，欢乐之情油然而生。请想一想你们为他庆贺生日的那个人的教导吧。这些教导是如此简单，然而近2 000年来它们并未大行于世。请学会从别人的幸福快乐中感受自己的幸福，而不要通过同类相残的无聊冲突来获取幸福！只要你们心中能够容下这一点天良，你们生活的重负就会变得轻松，起码会变得容易忍受；你们就能耐心而无畏地找到生活之路，把欢声笑语带到四面八方。

有位小女孩的母亲代她女儿向爱因斯坦提了个口

头问题，1951 年 6 月 19 日，爱因斯坦用英文给小女孩写了回信：

地球已经存在了十亿年有余。至于它何时终了，我的建议是，等等看吧！

他加了个附言：

送上几枚邮票供你集邮。

三

心 理 分 析

德累斯顿有一位政府官员,自称是政治家和阿德勒(Adler)学派心理分析家;他计划写一部著作,对重要人物进行心理分析。1927年1月17日,他为此写信给当时住在柏林的爱因斯坦,询问他是否愿意接受心理分析。

我们不知道爱因斯坦是否把回信发出去了,但是在来信信纸上,有爱因斯坦亲笔用德文写成的回信底稿:

很遗憾我无法满足你的要求,因为我更乐意待在未经分析的黑暗中。

爱因斯坦起先对西格蒙德·弗洛伊德（Sigmund Freud）[①]的理论并不感冒，但后来他的观点有所改变。爱因斯坦50岁生日那天，弗洛伊德和许多人一样，也发来了贺信。在信中他把爱因斯坦称为"你这幸运儿"（"Sie Glücklicher"），这一称呼令爱因斯坦颇感好奇。1929年3月22日，他从柏林写了这样一封回信：

尊敬的大师：

感谢你记得我。你为何强调我的"运气"呢？你对很多人——甚至整个人类——都洞若观火，但你却没有机会来了解我这个人。

致以崇高的敬意和热忱的祝愿。

弗洛伊德回信解释说，他之所以讲爱因斯坦是幸运儿，是因为没有哪个不精通物理学的人胆敢评判他的理论；可是人人都可以评判弗洛伊德的理论，无论他是否懂心理学。

[①] 西格蒙德·弗洛伊德（1856—1939），奥地利心理学家，精神病医师，精神分析学派创始人。——译者

四

艺术与科学的共同之处

1921年1月20日，德国某现代艺术杂志的一位编辑给柏林的爱因斯坦写信说，他深信同一时代的艺术发展与科学成就之间存在着非常紧密的联系。他请爱因斯坦就此话题写篇短文以供杂志发表。1921年1月27日，爱因斯坦回复如下：

虽然我知道我对这个话题无甚创见，更没什么值得发表的，但我还是附上一段格言式的文字以表达我的良好意愿。若非文思枯竭，我本该送上更华美的篇章来答谢你的友善。

以下，就是后来发表在杂志上的那段"格言式的文字"：

艺术与科学的共同之处

当世界不再是我们个人欲求的对象，当我们以自由人的身份欣赏、追问、探究这个世界的时候，我们就进入了艺术与科学的领域。如果用逻辑的语言来组织描绘所见所闻，那么我们从事的就是科学。如果传达印象所假借的形式没法用理智来知解却能被直觉所领悟，那么我们从事的便是艺术。这两者的共同之处，就是对超越个人利害与意志之物的热爱与献身。

后话：纳粹掌权时，这位非犹太血统的编辑试图逃离德国。他在边界遭到阻拦，于是自杀了。

伦理道德是人类自己的事

以下两段格言是爱因斯坦于 1937 年在纽约亨廷顿手写的。它们多半不是由上述文字启发而成，但不无联系：

肉体和灵魂并不是不同的两件事物，它们只是接受同一事物的不同方式罢了。类似地，物理学和心理学也是用系统思维将我们的经验联结为整体的不同尝试。

政治如同钟摆，永远摇摆于无政府与暴政之间。其动力则是人们周而复始不断重现的幻念。

下面这句英文格言曾被一位南美作家用作信件开头的座右铭，这位作家将它归于爱因斯坦。看上去确实是爱因斯坦的口吻，所以我们认为它是真的。可惜只有英文版本：

国家主义是种幼年疾病，它是人类这个物种的麻疹。

1953年7月17日，一位获准担任浸礼会牧师的女士给普林斯顿的爱因斯坦寄来一封充满温暖的祝福信，她引用了几段《圣经》上的话，询问爱因斯坦是否思考过他不朽的灵魂和上帝之间的关系，还问他是否相信死后能和上帝共享永生。我们不知道回信是否寄出，但是爱因斯坦档案中保存着这封来信，信纸上有爱因斯坦亲笔用英文写下的如下字句：

我不相信个体能够永生。我认为伦理道德是人类自己的事，无须什么超越于人类之上的权威。

我们这个时代的神秘主义倾向

1954年或1955年，爱因斯坦收到一封信，信中摘引了爱因斯坦及一位著名进化论专家就智能在宇宙

中地位发表的论述,两者看起来相互抵触。我们把爱因斯坦的德文回信稿翻译如下,无法确认回信是否寄出:

这里的误解是德文文本的翻译失误造成的,尤其是"神秘"这个词。我从未说过大自然有什么目的或目标,也从不认为可以把大自然当人或神来理解。

我在大自然中看到的是一个宏伟壮观的结构,对此我们现有的了解很不完善,于是勤于思考的人会因此而感到"谦卑"。这是真正的宗教情感,但它和神秘无关。

1921年2月,在柏林的爱因斯坦收到一位维也纳女士的来信,她询问爱因斯坦是否就灵魂存在与否及个体生命死后的状况形成了自己的见解。此外还有其他类似的问题。1921年2月5日,爱因斯坦写了封篇幅较长的回信,以下是摘录:

我们这个时代的神秘主义倾向,尤其表现为所谓通神学和通灵论的猖獗发展。而在我看来，这只不过是软弱和糊涂的症状罢了。

我们的内心体验由感官印象的再现与综合构成，因此我认为，脱离肉体的灵魂概念是空洞而没有意义的。

科 学 普 及

美国麦克劳-希尔出版社一家分社的负责人需要在美国图书馆协会的年会上发表演说。1948年4月1日，他写信向爱因斯坦求助。他说，人们对面向大众的科普读物兴趣锐减，图书馆和出版社的工作人员对此不胜惊慌；他希望爱因斯坦谈谈人们兴趣锐减的原因何在。他在信中提及，他已向其他杰出科学家和科普作家发出了同样的信件征求意见。爱因斯坦一向重视科学普及，因此他在第一时间写了回信。在4月3日的英文回信中，他说：

在我看来，情况是这样的：

大多数号称写给大众的科普书，看上去只是一味地耸人听闻（"振奋人心！""我们的进步是多么的巨大！"如此等等），而不是简洁流畅地介绍科学的基本目标和方法。有头脑的读者领教过一两本这样的书之后就会失望，他想，就当我是意志薄弱好了，我可消受不了这种书。另外，书中的描述大部分都显得浮夸，这只会令明智的读者反感。

一言以蔽之：错误不在读者，而在作者和出版者。我的建议是：一部科普作品必须确信自己能够被品味犀利的普通读者理解并欣赏，否则它就不能出版。

这封信之前似乎没有发表过。关于这个话题我们还可以摘引另一封信的开头，那是爱因斯坦于1952年1月28日用英文写给《大众科学月刊》的。这封信曾在这家杂志上发表。当时编辑收到一封充满敬畏的读者来信，信中就爱因斯坦的研究工作提出了问题。来信者说，爱因斯坦自己讲过，这研究将会"揭示宇宙的奥秘"。编辑请爱因斯坦来回答这位读者，

爱因斯坦用简洁明晰不加渲染的笔调写了回信。但在信的开头,爱因斯坦禁不住写了这样一段:

> 普通读者把我工作的意义理解得过于夸张了,这不应归咎于我,而应该归咎于科普作家,尤其是报刊记者——他们以耸人听闻为能事。

下面我们将两封信并列发表。爱因斯坦难免会收到大量这样的来信,写信者自认为解决了重大的科学问题。有时候爱因斯坦会忍无可忍,这里就是个例子。1952年7月7日,纽约市的一位艺术家给爱因斯坦写了封信。1952年7月10日,爱因斯坦用英语从普林斯顿寄出了回信:

> 感谢你7月7日的来信。看来你肚里塞满了在这个国家的知识分子中风行一时的陈词滥调。我要是个独裁者,准会把这些倒霉的空话统统禁止。

1954年3月22日,有一位自学成才的人给普林斯顿的爱因斯坦亲笔写来一封洋洋洒洒的英文长信,有整整四页之多。这位来信者说,像爱因斯坦这样敢讲真话的人实在少得令他绝望;另外,这世界若是退回到动物时代,说不定会更好些。他说"你想必愿意知道我是何许人也",接着便开始详细介绍自己如何在9岁那年从意大利来到美国。当时天寒地冻,他的姐妹都因此丧生,只有他一人幸存。学习了6个月之后,他在10岁那年开始做工。17岁那年他上了夜校,如此等等;到了如今,他成了一名实验机械师,业余时间做着自己的生意,还握有几项专利。他宣称自己是无神论者。他说真正的教育来自阅读。他引用了一篇有关爱因斯坦的宗教信仰的文章,对该文章的准确性表示怀疑。他对正式宗教的很多方面都不以为然,他说,向上帝祷告的人成千上万,语言也千差万别,那上帝岂不得有个巨大的书记团才能管得了这么多罪过。在来信结尾他探讨了意大利和美国的社会政治体制,由于篇幅太长,这里只能略过。他随信附上了一张支票,请爱因斯坦帮他捐给穷人。

1954年3月24日,爱因斯坦用英文写了回信:

> 我收到过的来信数以百计,但难得有像你这封这

么有趣的。你对于当下社会的看法，我觉得颇有道理。

你说的那篇谈到我宗教信仰的文章，当然是个谎言。这谎言已经被重复得有鼻子有眼了。我不信仰人格化的上帝，我也从未否认过这一点，我一向说得清清楚楚。如果我身上有什么可称之为宗教性的东西，那就是对迄今科学所能揭示的世界结构的无限敬畏。

我无法把你寄来的钱赠给合适的人，因此只能随信奉还。你的好心肠我心领了。

你的来信让我看到，智慧并非来自学历，而来自终生不懈的探寻追求。

他还挺帅的

1920年9月，爱因斯坦去斯图加特讲学。逗留期间，他妻子爱尔莎（Elsa）邀请了他们的表亲来游览。但遗憾的是，爱尔莎没有把他们的孩子一起请来，其中有位八岁的女孩伊丽莎白·莱（Elisabeth Ney）。爱因斯坦知道这孩子很逗，于是在 1920 年 9 月 30 日给她寄去了一张诙谐逗趣的明信片。莱很珍爱这张明信片，因此将它保存至今：

亲爱的莱小姐：

爱尔莎告诉我，你很不满意，因为你没有见到爱因斯坦叔叔。我把他的模样告诉你吧：苍白脸，长头发，肚子有点鼓。走路挺笨拙，嘴里叼雪茄——假如凑巧有雪茄的话——口袋里揣着笔，要不就拿在手里。不过，罗圈腿还不至于，肉瘤也没有，所以他还挺帅的呢——起码他的手上不像丑八怪那样长满了毛。因此，你没能见到他，确实是个遗憾。

致以热情的问候！

你的叔叔　爱因斯坦

1950 年 4 月 12 日，爱因斯坦的一位远亲从巴黎来信告诉爱因斯坦，他的儿子即将上大学物理和化学；他热切期望家族里最有名望的成员能给他儿子写几句话。

爱因斯坦于 1950 年 5 月 18 日回了信，回信是以一节小诗开头的：

世事多艰，我也困窘苦恼；
倘若是牧师，我愿为你祝福祈祷。

无论如何，收到你的来信并得知你儿子将献身物理学研究，我感到十分高兴。但我必须指出，如果一个人不满足于表面现象而要深入探索，那么这项工作就是艰难的。在我看来，倘若能把内心追求和谋生手段区分开，那就最好了。毕竟，每天都等上天赏饭吃，并不是件赏心乐事。

过了几年，到了 1954 年 3 月 1 日，这位远亲再次写信给爱因斯坦告诉他其间发生的事情。他儿子把爱因斯坦的来信镶进镜框，挂在了书房的床头上。这位远亲说，爱因斯坦的话显然大有魔力，因为他儿子在第一次学位考试中就名列全班榜首。当他要儿子在滑雪度假、金钱等选项中任选一项作为奖励时，他儿子羞怯地说，是否可以得到他心目中的保护人和偶像的一张签名照。

爱因斯坦随即寄去了一张签上自己大名的照片。

1947年7月11日,爱达荷州一位农民写信告诉爱因斯坦,他已给儿子取名为阿尔伯特。他想知道爱因斯坦是否愿意寄几句话,给他的儿子当一件"法宝",鼓励他上进。1947年7月30日,爱因斯坦用英文写了回信:

任何真正有价值的东西不可能产生于雄心壮志或单纯的责任感;它只能产生于对人、对客观事物的爱和献身。

那位父亲收到回信后乐不可支。他寄来了阿尔伯特的小照,还说要送爱因斯坦一包爱达荷州的土豆以示感谢。结果,爱因斯坦收到了好大一包。

五

"一块石头无人可撼"

爱因斯坦与比利时国王阿尔伯特（Albert）和王后伊丽莎白（Elizabeth）结下了深厚的友谊，这是因为在布鲁塞尔曾经举行过一系列具有历史意义的科学会议，也是因为他们对于音乐的共同爱好，更因为他们互相敬重——这是最重要的。1931年，爱因斯坦从布鲁塞尔给妻子爱尔莎写了一封信，信中生动地描述了这份情谊。那是爱因斯坦对比利时王宫的访问：

> 我受到了热情体贴的欢迎。这两人的纯洁善良世所罕见。我们先交谈了个把钟头，然后〔王后和

我]演奏了四重奏和三重奏[同一位英国女音乐家还有一位擅长音乐的女侍]。我们这样玩了几个小时。接着她们都离开了,只留下我和国王一同进餐,吃的全是素食,没有仆人。菠菜炒鸡蛋,土豆,就这些。(本来没料到我会留下来。)我感到非常满意,我相信国王也这么觉得。

爱因斯坦同比利时国王一家的友谊持续下来了,并且在加深。1932年7月30日,伊丽莎白王后给住在德国的爱因斯坦写了一封信,随信附了几张她给爱因斯坦拍摄的照片,并告诉爱因斯坦她有多么喜欢同他交谈,多么喜欢同他一起在公园散步。她谈到爱因斯坦对物理学中因果性和或然性的精辟解释,表示记忆犹新。1932年9月19日,爱因斯坦在回信中这样说道:

能够给你讲解物理学的奥秘,我感到十分愉快。作为一个人,我们所拥有的智力刚好只够我们认识到,在大自然面前我们的智力是何等地不足。倘若人人都能领会这份谦卑,那么人类活动的世界就会更有吸引力了。

1931年2月9日,爱因斯坦从加利福尼亚州圣巴巴拉写信给伊丽莎白王后:

两天来我一直待在这个无忧无虑的角落。这里没有风雨,气候适宜得让人感受不到温度的存在。昨天我去了仙境般的布列斯别墅,他们说,几年前你曾在这里度过几天愉快宁静的时光。

我来到这个矛盾重重、光怪陆离的国家已有两个月了。这里时而令人赞叹,时而令人摇头。到了这儿我发现,那个有着种种弊病和苦难的古老欧洲依然和我息息相关,我乐意回去。

两年后,即1933年2月19日,爱因斯坦到圣巴巴拉旧地重游。他寄给王后一根嫩枝和一首四行诗,我们试译如下:

修道院花园里有棵小树,
当时是您亲手所栽。

送上嫩枝转达问候,

因为它自个儿没法过来。

1933年3月15日,王后在莱肯的王宫同样用小诗作了回赠。当时纳粹已经得势,爱因斯坦的财产被没收,而且遭到大肆攻击。王后在小诗末尾暗指了这一情况,并拿爱因斯坦的姓做了个游戏:当它被写成"Ein Stein"的时候,它的意思是"一块石头"。下面是王后小诗的译文:

嫩枝已把问候传来,
小树莫愁离不开庭院。
朋友的心胸如此广阔,
嫩枝寄来了春意满满。
向着山峰、大海和天空,
千万次感谢是我的呼唤。
而今连岩石都开始动摇,
我祈祷**一块石头**无人可撼。

1934年1月,已经在普林斯顿安全定居的爱因斯坦夫妇应罗斯福（Roosevelt）总统夫妇的邀请前往白宫赴宴。谈话中他们热情地谈及了王后陛下。爱因斯坦想让王后知道这一切，所以他写了下面这首向罗斯福总统致敬的小诗寄给王后。诗写在白宫信笺上，标注的日期是 1934 年 1 月 25 日。下面是这首诗略作修改后的正式译文：

显赫的都城，
天命展开她的幽深。
有个男人战意昂扬，
他为人类纾难解纷。
昨夜的畅谈，
回忆中你明媚依然。
为了纪念我等相聚，
寄上小诗给你作伴。

1933 年，爱因斯坦一家从帕萨迪纳回到欧洲，当时纳粹刚刚掌管德国政权。于是他们全家去濒临大西洋的旅游小城勒科奇避难，这并非偶然，因为勒科奇在比利时境内。阿尔伯特国王和伊丽莎白王后都对爱因斯坦的安危深为关切。当时盛传纳粹悬赏求购爱因斯坦的首级，于是阿尔伯特国王派了两名贴身警卫昼夜保护爱因斯坦。

下面这封信是爱因斯坦后来从普林斯顿寄给伊丽莎白王后的，它为我们提供了这份深情厚谊的又一个侧面。信中提到的"巴尔扬斯基（Barjansky）夫妇"既是爱因斯坦夫妇的朋友也是比利时国王夫妇的朋友。巴尔扬斯基先生常在王后的四重奏里演奏大提琴，而他的夫人则是一位雕塑家，常辅导王后做雕塑。这封信是应他们的要求写的。事情是这样的：1934年春天，阿尔伯特国王在登山时失足殒命；第二年夏末，比利时新王后阿斯特里德（Astrid）——伊丽莎白的儿媳妇——在车祸中遇难，年仅30岁。这双重打击让伊丽莎白崩溃了。她神思昏怠麻木，对四重奏和雕塑都提不起兴趣，左右不知如何是好。

巴尔扬斯基夫人写信把这一情况告诉了爱因斯坦，她说，如果他能写封信给王后，或许会有所帮助。下面就是爱因斯坦写给王后的信。上面只标了3月20日，没有标明年份，但几乎可以肯定是1936年：

亲爱的王后：

今天，春的气息在今年第一次降临人间，把我从梦境般的恍惚迷离中唤醒——沉浸于科学研究的人常会陷入这样的恍惚迷离。思绪从早年那多姿多彩的岁月中升起，我回忆起在布鲁塞尔度过的美好时光。

巴尔扬斯基夫人跟我说，生活使你蒙受了沉痛的打击，难以形诸语言的痛楚使你麻木倦怠、黯然神伤。

有些人度过了欢乐丰裕的青春年华，在盛年时就离开了我们；有些人，则有幸在离世前充分完成了生活的使命。对此，我们不该过于悲伤。

上了年纪的人，倘若能够为年轻一代的奋发有为感到欢乐，那么他自己也能重新焕发活力。诚然，在这动荡的年月，这般欢乐也被不祥的阴影笼罩着。但春光总会带回新的生机，新的生命会使我们乐而忘忧，并为它的成长壮大出一份力。莫扎特的音乐总是这样优美温柔，它过去是这样，将来也不会改变。无论如何，永恒之物是存在的，命运之手奈何它不得，人类的一切妄念都对它无能为力。和摇摆于恐惧和希望之间的年轻人相比，年长的人距离永恒更近。我们上了年纪的人，更能体验那种最纯粹的真与美。

你可曾读过拉·罗赫福卡尔特（La Rochefoucauld）[①]的格言集？它看上去刻薄阴郁，但如实反映了人的状况，对人性鞭辟入里，因此很奇怪地令人感到解脱。在拉·罗赫福卡尔特身上我们看到的是一个已经挣脱了枷锁的自由人；但即便对他来说，摆脱自然加在他生活道路上的情感重负也不是件容易事。和饱经风霜的人一起阅读他的书是再合适不过的了，比如好心的巴尔扬斯基夫妇。倘若不是大洋阻隔，我也很乐意加入。

命运偏爱我，使得我能够住在普林斯顿。这地方宛如一座小岛，很多地方都酷似莱肯那座迷人的王宫花园。在这小小的大学城，很少听到世人纷争的喧嚣。当其他人正在挣扎和受苦的时候我竟能安享宁静，这简直令我感到羞愧。但无论如何，潜心于永恒之物毕竟是好事，只有从这当中才能产生出一种精神，能够把和平与安宁带回到世间。

衷心希望春天也能把安宁快乐带给你，并使你恢复生机。请接受我最美好的祝愿。

[①] 弗朗索瓦·拉·罗赫福卡尔特（1613—1680），法国作家，以其格言集、回忆录和书信集闻名。——译者

六

以己之心度人之腹

下面这封信由来不详。从内容看，应该写于1933年春或夏，当时爱因斯坦住在勒科奇。这信有那么点玩笑的意思，因为爱因斯坦根本不是遇事就诉诸武力的人：

你问我，当我得知波茨坦警察闯入我的夏季住宅搜寻藏匿的武器时，我有何感想。

一个纳粹警察还能指望我怎么想呢？

（上面的译文多少传达了点意思，但它同原文还是有距离。德语原文的最后一句话，照字面翻译是这样:"我想起一句德国谚语:每个人都用自己的鞋丈量。"这话的要点,当然是说,人总是根据自己的标准来衡量他人,即以己之心度人之腹。)

爱因斯坦有一次曾说,对一位苦思冥想的学者或理论物理学家而言,灯塔管理员这种安静孤寂的工作最理想不过了。对于爱因斯坦固然如此,但如何能指望其他人在这等严酷条件下也能如鱼得水呢?这也让我们想起那句德国谚语。

堕入爱河可不是人类能干的最傻的事

在纳粹掌权的黑暗岁月里,下面两封各异其趣的信肯定曾经让爱因斯坦心怀一畅。

得知爱因斯坦在德国的财产已被纳粹没收之后,荷兰天文学家 W·德西特(W. de Sitter)以同事的名义写信给爱因斯坦,表示愿意在经济上提供援助。

1933年4月5日,爱因斯坦回信如下:

患难见真情啊。感谢你的好意。但事实上我境况很好,不但足以满足自己和家人之需,还有余力帮助他人免于负债之累。但是我在德国的财产多半是泡汤了,因为我被控犯了叛国罪。心理学家[雅克·]勒布(Jacques Loeb)曾经跟我说,政治领袖们肯定已经反常,因为选择和行为的后果都难以估量,在这种情形下正常人不可能承担得起如此巨大的责任。这话在当时听来不无夸张,但是如今德国发生的一切证明这是千真万确的。唯一古怪的是,[德国]的所谓知识精英们竟然会全线崩溃。

1933年,爱因斯坦访问了英国。当时他已离开德国,此后再也没有回去过;在这之后他去了美国新泽西州的普林斯顿任职,继续搞研究。在英国逗留期间,爱因斯坦收到一封信,来信者的物理学知识实在没法说是靠谱的。比如他说,根据他的理解,这个世界转得实在太快了,所以才看上去纹丝不动。接着他一本正经地说,由于地球引力,站在球面上的人时而直立，时而倒立，时而与地球呈直角（right angles）支楞出去，时而呈"歪角"（left angles，他自己造的词）出溜出去。他还问爱因斯坦，是不是在头朝下倒立的时候人才会做出堕入爱河之类的傻事。

根据现有资料看，爱因斯坦并没有回信。但爱因斯坦在信纸上用德语写下了这么一句：

堕入爱河可不是人类能干的最傻的事——但地球引力肯定无须为此负责。

"要么出书成名，要么惨淡一世"？

来到普林斯顿后不久，有一份大学新生的杂志《丁克》向爱因斯坦约稿。以下是爱因斯坦的回复，发表于1933年12月：

很高兴能够同你们这些快乐的年轻人一起生活。

作为一个老同学,我能对你们说的是:千万别把学习视为义务。学习是个令人羡慕的机会,使你们能够领略精神领域中美的解放力量;它不仅足以自娱,而且能使你们将来为之工作的社会受益。

1951年3月24日,加利福尼亚州的一位大学生写信给普林斯顿的爱因斯坦,询问他是否记得曾出席过那里的一个天文台落成仪式。然后她就向爱因斯坦求教。长期以来她一直对天文学抱有深厚的兴趣,渴望成为一名职业天文学家。但她的两位老师都说,天文学家已经过剩,而且她在这方面也不足以有所成就。她承认自己数学方面并不出色,她问爱因斯坦,自己是应该继续学习天文学还是选别的路。

爱因斯坦用英文作了如下回复:

科学研究真是绝妙的工作,前提是人无须靠它维持生计。用来谋生的工作,应该是自己有充分把握的那种。只有当我们无须对任何人负责的时候,科学事业才会妙趣横生。

这忠告固然是写给一位素昧平生的学生，但爱因斯坦认为它事关根本并且广泛适用。被社会期盼搞出新名堂的压力，爱因斯坦深有体会。应邀去柏林时，他曾把自己比喻成一只人们希望它不停下蛋的母鸡。他常建议未来的科学家或学者去从事鞋匠之类的轻松工作以谋生，以免搞得自己"要么出书成名，要么惨淡一世"；这样一来创造性工作就不成其为乐趣了，人们会被逼得去发表空洞肤浅的东西。说到底，爱因斯坦敬仰的伟大哲学家斯宾诺莎不就是以磨镜片为生的吗？爱因斯坦自己经常怀着喜悦的乡愁回忆当年在伯尔尼专利局工作的日子，他有些最伟大的想法就是在那个时期产生的。

下面这封信更清楚地表明了这一点。

1953年7月14日，一位印度人从德里写来一封絮絮叨叨的长信向爱因斯坦求援。信的大意是：他是个32岁的单身汉，希望把整个余生都奉献给数学、物理研究；尽管他自己承认，他的水平还"非常糟糕"。他一贫如洗，穷得连这封信的邮票都买不起。虽然他一向对这些学科心怀热忱，但年轻时的经济拮据使得他没法把科学和数学方面的基础打好。迫于家境，他不得不求职谋生，但这与他的内心追求格格不入。好在一年多以前他因为一次口角被解雇，于是他可以自由地去从事自己真正的使命了——但可悲的是，他连维持温饱的收入都没有。他下定决心，即便得不到帮助也要继续努力、死而后已；当然，如果有人施以援手，那么生活就会好过些，他希望爱因斯坦能助他一臂之力。

1953 年 7 月 28 日，爱因斯坦用英文回了他一封挺长的信。这封信颇为有趣，因为里面不光是客套：

来信收悉，你研习物理的炽热愿望令我深受感动。但是我不得不说，对你的观点我没法苟同。我们的衣食住行都来自同类的辛勤劳作，对此我们应该诚意地予以回报；所以，选择工作不能光看自己内心满意与否，还得看它是否被公认为有益于大众。不然的话，即便你要求得再微不足道，你也是寄生虫。贵国的情况更是如此：大家都在为改善经济而奋斗，因此受过教育的人更应该努力工作。

这只是问题的一个方面。即便你生活富裕，有选择自己事业的余裕，那么你也得考虑问题的另一方面。在科学研究工作中，就算是天才，作出真正成就的机会也极小；因此，当你工作上的鼎盛年华逝去的时候，你很可能感到沮丧失落。

出路只有一条：把大部分时间花在实际工作上，比如教书，或者别的适合你性情的职业；把余下的时间用来作研究。这样，即使你得不到缪斯女神①的恩赐，起码你也能度过正常和谐的人生。

爱因斯坦不喜欢要求出学术成果的压力，也厌恶为了晋升而激烈角逐。1927年5月5日，当时科学界正在猜测谁将接任普朗克在柏林大学的教授职位，爱因斯坦给在荷兰的朋友保尔·埃伦弗斯特写了一封信：

谢天谢地，我没被卷进去，这样我就不用和那些大脑袋瓜子们一块儿趟这浑水了。我总觉得掺和这档子事儿是可怕的奴役，邪恶程度不亚于热爱金钱或权势。

---

① 希腊神话中掌管文艺和科学的九位女神。——译者

犹 太 灵 魂

下面这份爱因斯坦的手迹是在耶路撒冷的犹太复国主义档案中心找到的。它写于 1933 年 10 月 3 日,那天爱因斯坦正和其他杰出人物相聚在伦敦的阿尔伯特厅(Albert Hall),为从纳粹德国流亡过来的学者们提供援助。不久后爱因斯坦就离开英国去往美国,从此再也没有回欧洲。无法查知这份材料是写给谁的,这里边反映了纳粹对犹太学者的大驱逐:

犹太教的价值仅仅存在于精神与伦理层面,以及个体犹太人身上的相应特质。正因为这个,从古至今,我们当中的出色人物往往以研究为自己的神圣事业。然而这也意味着我们应当以智力活动来谋生——幸乎不幸乎,我们的实际境遇每每如此。在这不祥的时代我们必须尽力转向实际的、亟须的事务,但仍不能放弃对精神和智识世界的爱，以及对研究土壤的保护和开垦。

1935年3月30日，住在普林斯顿的爱因斯坦收到一封来信，信中引用了这么段话，《纽约先驱论坛报》(*New York Herald Tribune*)说是爱因斯坦讲的："并没有所谓德国犹太人、俄罗斯犹太人或美国犹太人；有的只是犹太人。"来信者怀疑爱因斯坦被误引了，他指出，"信仰犹太教的人们"分别在德国、俄罗斯和美国的军队中作战，他们坚定地拥护各自国家的理念。

1935年4月3日，爱因斯坦作了如下回复：

归根结底，每个人都是人类，无论他是美国人还是德国人，犹太教徒还是异教徒。这是唯一够品格的观点，倘若实际事务能够照此办理的话，我可就开心了。但令人悲哀的是，以国民身份和文化传统为依据的划分依然在当代生活中扮演着如此重要的角色。这一点没法改变，所以咱也不该对现实视而不见。

至于犹太人和那古老的传统犹太社会：从历史上

看，犹太人的苦难史告诉我们，身为犹太人这一事实，比身为任何政治共同体的成员更为意义重大影响深远。比如，倘若德国的犹太人被逐出德国，他们就不再是德国人了，他们的语言和政治关系都会改变；但他们依然是犹太人。何以会如此？这真是个难解的问题。在我看来，原因与其说在种族特征，倒不如说在那根深蒂固的传统——绝不限于宗教领域。固然，犹太人是作为各个国家的公民在为各自国家的战争丧失生命；但上述事态并不因此而有所改变。

上一封信没有特意提及犹太复国主义，但犹太复国主义早就是爱因斯坦关注的主题了。早在 1919 年——当时广义相对论的日食观测验证还没有发生，也就是说爱因斯坦尚未名满天下——一位犹太复国运动的领导人库尔特·布鲁门菲尔德（Kurt Blumenfeld）就和爱因斯坦沟通过这件事。两年后，布鲁门菲尔德建议爱因斯坦接受哈伊姆·魏茨曼（Chaim Weizmann）的邀请，一起赴美国为即将在耶路撒冷创办的希伯来大学筹集资金。作为犹太复国运动的世界级领袖，魏茨曼——后来他成为以色列的首任总统——自己是位科学家。他这样回忆横渡大西洋的航程:"爱因斯坦每天向我解释他的理论,等我到达的时候,我完全确信他是理解它的。"

1921年3月14日爱因斯坦给朋友亨利希·粲格尔写了一封信,以下是摘录:

> 周六我去美国。不是去大学(当然也有可能去,那只是顺便),而是去帮耶路撒冷的犹太大学筹款。我有强烈的意愿想为这件事尽一把力。

1921年6月18日,爱因斯坦写信给他的物理学家朋友保尔·埃伦弗斯特,以下是摘录:

> 犹太复国主义确实代表了新的犹太理想,可以把生存的欢乐还给犹太人民……我很高兴我接受了魏茨曼的邀请。

对犹太人而言,爱因斯坦成了具有重大象征意义的人物。1923年爱因斯坦访问了斯科普山(Mount Scopus),即希伯来大学的校址;他应邀在"等候了你两千年之久的诵经台"上作了演讲。

在1926年4月12日写给保尔·埃伦弗斯特的信中,爱因斯坦这样说到希伯来大学:

我确信当前的努力终有一天会结出硕果;另外,被当作犹太圣徒,这令我满心喜悦。

大约在1946年1月,爱因斯坦这样回复一位反对犹太复国主义的犹太人:

在我看来,把犹太复国运动谴责为"国家主义"是不公正的。想想西奥多·赫茨尔(Theodor Herzl)是如何走上这条路的吧。最初,他完全是世界主义者。但在巴黎的德雷弗斯(Dreyfus)案件中他忽然了悟到:犹太人在西方世界的处境是何其险恶。于是他勇敢地得出这一结论:我们被歧视、被谋杀,并非因为我们是"信仰犹太教"的德国人、法国人、美国人,而仅仅因为我们是犹太人。这一险恶形势迫使我们站到一起,无论我们是何国籍。诚然,对于惨遭屠戮的德国犹太人而言,犹太复国运动没能提供什么保护；但幸存者需要靠它来获取内在力量，来忍受尊严的崩塌，来维持健朗的自尊。请不要忘记，类似的命运仍可能落到我们后辈的头上。

1955 年 3 月，距离他逝世前不到一个月的时候，爱因斯坦给库尔特·布鲁门菲尔德——上文说过，是他把犹太复国主义介绍给爱因斯坦的——寄去了这样的话：

我要感谢你——即便已经去日无多——谢谢你帮助我意识到自己的犹太灵魂。

萨姆·古荣曼（Sam Gronrmann）是位多面手：在柏林开业的律师，作家，剧作家，离开德国定居于以色列的杰出犹太复国主义者。1949 年 3 月 13 日是爱因斯坦的 70 岁生日，他从以色列的特拉维夫给爱因斯坦寄来一封信，信里有一首小诗，翻译如下：

曾为它死磕个不眠不休，
相对论的真谛我仍未吃透；

嗯即便这样也没啥不妥,
时间同步日子还不是照过。
愿君聆听在下的主张,
设若七十岁的爱因斯坦神采飞扬;
可知相对性原理颠扑不破,
实际用途就是最好的解说。
四海宾朋对您敬意满满,
衷心恭贺您七十岁华诞;
躬逢其盛我岂能落后,
把属于您和我们的祝福捧在双手。
您知道,在以色列,我们的国度,
您永远属于我们和这片故土。

爱因斯坦立刻作了回复。以下是译文:

悲观沮丧,往往因为理解不深;
但你可不是——幽默的你是有福之人。
你的观点,我斗胆相告:
一切境况,无非上帝所造。

上帝掌管复仇——可他并不公正，
人的弱点，都拜他亲手所赠。
缺乏保护，我们对邪恶屈从；
时而以胜利的形式，时而哀恸。

但与其冥顽不灵地抱怨诅咒，
不如用小诗把解脱之路搜求。
义人罪人，经过你狡黠的谋划，
到头来，全都是人生的赢家。

"美中不足"

在爱因斯坦档案文件中，有一封信是一位科罗拉多州的银行家于1927年8月5日写给柏林的爱因斯坦的。信的开头是"几个月前我曾写信跟你说……"可见爱因斯坦之前多半没有回信。这位银行家指出，许多科学家以及类似的人已经不把上帝看成天使环绕的白胡子慈祥老头了，尽管虔诚的人们依然崇拜和敬仰这样的上帝。某个文艺小组在讨论中提出了关于上帝的问题，有成员决定请一些名人来发表意见以供出版。他说，已经有 24 名诺贝尔奖获得者作了回复，他希望爱因斯坦也能谈谈自己的看法。爱因斯坦在信纸上用德文写了下面这段话，我们不知道它是否被寄出：

我无法想象一个人格化的上帝，他直接影响个体的行动，或亲自审判自己创造的生物。我没法作这样的想象，尽管现代科学已经对机械因果律提出了一定程度的质疑。

我的宗教感情，只是对那无限高明的宇宙精神的欣赏、崇拜。我们这孱弱而稍纵即逝的理解力仅能把现实揭示出小小的一点，而宇宙精神就反映在这小小的一点上。伦理道德固然极其重要——但这仅是对我们而言，并非对上帝。

下面这段摘自爱因斯坦于 1938 年 1 月 24 日写给科内利乌斯·兰茨奥斯（Cornelius Lanczos）的一封

信。我们可以看到，它和上面的话题密切相关：

> 我最初接受的是同马赫（Mach）①主义多少相似的怀疑主义经验论。但引力问题使我皈依了唯理论——也就是说，我把数学的简洁性视为真理的唯一可靠源泉。

说到引力问题，爱因斯坦指的是广义相对论，他从1905年到1915年为灵感辛勤工作的硕果。这一理论源自一种"美中不足"感。根据他在1905年阐明的狭义相对论，等速运动（uniform motion）是相对的。仅有一种特殊形式的运动相对性，爱因斯坦感到这样的理论显得丑陋。既然等速运动相对，那么一切运动都该如此。但日常经验表明非等速运动是绝对的。面对这种情况一般人只有耸肩认命，美感上的不足就由它去吧——可爱因斯坦不然。在审美冲动的驱使下，他重新审视日常经验；然后他喜出望外地发

---

① 马赫（1938—1916），奥地利物理学家、哲学家，经验批判主义创始人之一。——译者

现，经过解释，这些现象恰好就是一切运动皆可被视为相对的证明。至于这一洞见如何引导他创作出那个美妙绝伦的引力方程式，就不是这里能展开的了。我们可以看到的是，当爱因斯坦在给兰茨奥斯的信中把自己描绘为唯理论的皈依者——数学简洁性（这就是他所说的"美"）的追随者——时，他想的是什么。

请不要被"皈依"这个词搞糊涂了。在创立广义相对论的很久以前，爱因斯坦就在探究宇宙中的美；这一理论源自"美中不足"感，足以证明他一向的追求。他的宗教信念——对简洁、美和宇宙之崇高性的信念——就是他科学灵感的主要源泉。在评判科学理论时他会扪心自问：倘若我是上帝，那么我会用这种方式创造宇宙吗？

下面摘录爱因斯坦从普林斯顿写给兰茨奥斯的另两封信。这一封写于1938年2月14日：

这个关于电子的基本问题我已经同它搏斗了二十多年，搞得垂头丧气，但我仍不肯善罢甘休。我相信，只有全新的灵感才能令我顿开茅塞；另外我也相信，诉诸统计学，只能是一时的权宜之计，那样肯定会错过问题的核心。

1942年3月21日，他在信中写道：

在我认识的人中，只有你的物理观和我相同：理解现实，得通过一些本质上简单而统一的东西……偷看上帝手上的牌固然很难；但说到上帝在玩骰子或搞"感应"（telepathic）术（当今的量子理论就这么说），我可从没这么相信过。

以上两段鲜活地表明，爱因斯坦如何看待量子理论并如何表达他的不满——因为量子理论否认了决定论，把自己局限于概率论和统计预测。爱因斯坦自己就是量子理论的先驱，但他坚持认为对此应该有别样的理解。在1924年7月12日写给保尔·埃伦弗斯特的信中，他的挫败感跃然纸上：

对于量子你越是紧追不舍，它就越让你捉摸不定。

伦理道德是纯属人间的事

芝加哥有一位犹太学者(rabbi),准备以"相对论的宗教含义"为题作一次讲座。1939年12月20日,他写信给普林斯顿的爱因斯坦,就这个题目提了些问题。爱因斯坦答复如下:

说到相对论的基本原理,我不认为它和与一般科学都大相径庭的宗教能有什么关系。不过它们在这一点上可以相通:客观世界中的交错纷纭,都可以通过简单的逻辑概念来理解、把握。确实,相对论是把这一点做到了极致。

用逻辑把握深奥错综的关系,这种体验也能造就宗教情绪,但它和我们通常所说的宗教不同。它是对物质宇宙所表现出的系统结构的敬畏。我们不会因此而塑造出一个人形的神,会向我们提要求、会对我们这些个体生命感兴趣。在这种宗教情绪中,没有意志,没有目标,没有必须,有的仅仅是存在。正因为如此,像我这样的人才会认为伦理道德是纯属人间的事,尽管它对人类来说最为重要。

下面这封信是爱因斯坦于 1937 年 9 月写的。只知道它同"布道团"(Preaching Mission)有关,除此之外,我们对促成爱因斯坦写这封信的前因后果一无所知。也许爱因斯坦是应普林斯顿神学会会员的个人要求写这封信的,但这仅仅是猜测:

我们的时代在这方面远超往昔:科学研究硕果累累,技术应用日新月异。谁能不为此欢欣鼓舞?但是请别忘记,仅靠知识和技艺不足以让人类过上幸福而有尊严的生活。人类完全有理由把高尚道德标准的践行者置于客观真理的发现者之上。在我看来,佛陀、摩西、耶稣的贡献比所有才智之士加在一起的贡献还要大。

倘若人类不想丧失尊严,想要保护生存的安全和生活的喜悦,那就必须竭尽全力守护这些圣人给我们留下的一切,并让它们生生不息。

下面这封信的德语底稿同许多其他文稿一样，是爱因斯坦在1932—1933年冬天最后一次逗留帕萨迪纳之后带往勒科奇的。信上没有标明日期，也没有背景说明。它可能是给某人或某个组织的回信，也可能是爱因斯坦听了纳粹的夸夸其谈后写下的格言。无论如何，不妨把这段话看成是写给我们大家的：

不要为多少世纪以来诞生在你们国土上的伟人而自鸣得意——这可不是你们的功劳。还是想想吧，你们是如何对待他们的，又是如何遵循他们的教导的。

1931年2月25日，有人给住在柏林的爱因斯坦写来一封极其悲观的信，哀叹他对当今技术的奇迹感到幻灭，声称对大多数人而言生活只是痛苦和失望；并对人类是否有必要继续繁衍表示怀疑。1931年4月7日，爱因斯坦这样回复道：

我不赞成你的观点。我一向认为自己的人生有趣并且值得一过，而且我深信人类的生活在总体上完全可以是值得一过的。无论从客观上说还是从心理上说，条件都具备。

当然，爱因斯坦知道，哀伤也是人生的一部分。1945年4月26日，他给一位内科医生和他的妻子写了一封唁函悼念他们死去的孙子（也可能是儿子）。这位医生经常积极帮助逃离纳粹德国的难民。

得知你们不幸蒙受如此突如其来的沉痛打击，我感到震惊。对老年人来说，最大的悲伤莫过于此；类似的遭遇有成千上万，但这又算什么慰藉。我不敢安慰你们，我只想表达自己深切的同情与悲伤。我想，所有那些了解你们仁慈心肠的人们都和我是一样的心情。

我们人类常常以为自己的生活很安全，在这个看上去既熟悉又可靠的物质环境与社会环境中，我们以为自己回到了家。然而一旦习以为常的生活进程被中断，我们就感到自己恍如海上遇难的人，在茫无边际的大海上抱着一块无济于事的木板，忘了自己来自何方，也不知未来在何处。但是，假如我们能把这一切都当作事实接受下来，那么人生就会轻松些，因为再不会有失望。

衷心希望我们借以漂流的木板能再度相逢。

在爱因斯坦于 1952 年 7 月 9 日写给科内利乌斯·兰茨奥斯的信中,有这样一句话:

我们降生在野牛群里,大限到来前没有被踩扁,就是幸事。

崇 岭 之 巅

植物学家 A·V·弗里克(A. V. Fric)在科迪勒拉山脉①空气稀薄的最高峰发现一株小小的迄今未知的开花的仙人掌科植物。在一篇文辞优美的报告中,他把这种植物命名为"爱因斯坦尼亚"(Einsteinia),

---

① 科迪勒拉山脉纵贯美洲大陆西部,北起阿拉斯加,南到火地岛,绵亘约 1.5 万公里。——译者

并给爱因斯坦寄来一份报告。1933年9月9日,爱因斯坦从勒科奇写了回信:

亲爱的先生:

你的好意令我十分欢喜。这样一命名,这株小小的植物和我都将不复崇岭之巅的寂静。

感激你的深情厚谊。

下面这首诗,是爱因斯坦题写在自己的一张照片上的。1927年,爱因斯坦把这张照片赠予一位老友科内莉亚·沃尔夫(Cornelia Wolf)。

无论我去到何方,
到处有我的肖像;
在书桌上,在大厅里,
或挂胸前,或悬高墙。

人们的游戏多么新奇,
殷殷恳求:"请你签名",
不容学者有半点推辞,

非要他写下几笔才行。

听着耳畔这阵阵的欢呼，
有时我被弄得稀里糊涂；
偶尔清醒时我竟会怀疑，
真正发疯的莫不是我自己。

关于这张爱因斯坦题赠的照片，还有段有趣的故事。第二次世界大战期间，沃尔夫夫人横渡大西洋来到哈瓦那，接着要去加利福尼亚。当轮船在特立尼达停泊时，一位英国官员盘问了她（她持有德国护照）并准备检查她的行李。她知道英方不允许旅客携带任何信件或照片，但她还是舍不得把爱因斯坦的照片丢下。官员发现这张照片后，立刻停止盘问，并彬彬有礼地问她是否愿意把照片借给他，他想把照片上的小诗抄录下来并给同事看一看。沃尔夫夫人告诉官员，他甚至有权扣留这张照片；但他却说第二天开船前一定奉还。第二天他果然毕恭毕敬地把照片送了回来，此后再也没有盘问或检查行李。

七

同一个渴望之源

爱因斯坦酷爱演奏小提琴，小提琴和他形影不离。他喜爱18世纪音乐家的作品。他热爱巴赫和莫扎特；对于贝多芬，与其说是喜爱，不如说是钦佩。对于后来的音乐家们，他的兴趣就不那么大了。

爱因斯坦成名之后，人们对他生活的各方面细节都感兴趣，这种兴趣常纠缠得他很不耐烦。因此，当1928年德国一家星期画刊给当时住在柏林的爱因斯坦寄来一份关于约翰·塞巴斯蒂安·巴赫的问卷时，爱因斯坦理所当然地无视了。编辑等了一段时间未见回音，于是在1928年3月24日，他再次写信请爱因斯坦回答问题。当时信件走得挺快的，这回爱因斯坦

收到信后,在同一天就写了这样一封不客气的回信:

对于巴赫毕生的事业,我只有这几个字可说:聆听,演奏,热爱,尊敬——并且闭嘴。

刚巧在同一年底,另一家杂志社也写信向爱因斯坦征求他对另一位音乐家的意见。1928年11月10日,爱因斯坦这样回复道:

关于舒伯特,我要说的只有:演奏他的音乐,热爱它——并且闭嘴!

大约十年之后,又有一家杂志社给爱因斯坦寄来一份较有深度的音乐品位问卷,这回他较为细心地作了回答。问卷已经遗失,但是从爱因斯坦的回答可以多少推想原来的问题。以下是爱因斯坦的回信,上面的日期只标了1939年:

(一)我喜爱的音乐家有巴赫、莫扎特,以及一些意大利和英国的老作曲家。我对贝多芬的兴趣要小得多，但我很喜欢舒伯特。

（二）很难说巴赫和莫扎特哪个更吸引我。我不在音乐中寻求逻辑。基本上我全凭直觉，对理论一无所知。倘若我没法用直觉把握作品的内在统一性（结构），那么我就不会喜欢上这部作品。

（三）我总觉得亨德尔是好的——甚至堪称完美——但他有浅薄的地方。贝多芬，对我来说过于戏剧化了，个性过强。

（四）舒伯特是我最喜欢的音乐家之一，因为他表达感情能力一流，并且极其善于创作旋律。但他的大型作品有结构上的缺陷，这令我困扰。

（五）舒曼的小型作品对我有吸引力，因为它们有独到之处，感情充沛；但是他在形式上的平庸令我没法充分欣赏他。门德尔松很有才华，但似乎缺乏深度，因此往往流于陈腐。

（六）我认为勃拉姆斯的几部歌曲和室内乐作品很有价值，其结构也同样有价值。但他的大部分作品对我来说缺乏内在的说服力。我不明白写这样的作品有何必要。

（七）我佩服瓦格纳的创造力，但我认为他在结构方面的欠缺是颓废的标志。另外,我认为他的音乐风格不可名状地咄咄逼人,所以他的作品在大部分时候都令我反感。

(八)我觉得[理查德·]施特劳斯天资过人,但他缺乏内在的真实,只在乎外在的效果。我不能说我对现代音乐全都不感冒。我觉得德彪西纤丽多彩,但结构上有缺陷。我没法深爱这样的作品。

我们看到,现代作曲家的作品大部分都对爱因斯坦没什么吸引力。但爱因斯坦对欧内斯特·布洛赫(Ernest Bloch)[①]心怀尊重。1950年11月15日,显然是应人要求,爱因斯坦用英语写了这样一段:

对于现代音乐我所知有限,但我确信一点:艺术之为艺术,关键在于创造性艺术家心中那股不可遏制的激情。在欧内斯特·布洛赫的作品中我能感受到这股激情,这在后来的音乐家中是少有的。

---

① 欧内斯特·布洛赫(1880—1959),犹太血统,瑞士裔美国作曲家,指挥家。——译者

1938年1月,大指挥家阿图罗·托斯卡尼尼(Arturo Toscanini)荣获美国希伯来勋章。当时爱因斯坦写了这样一段贺词,估计在授勋仪式上曾被朗诵:

只有把整个身心全部奉献给自己事业的人,才可能成为真正的大师。因此大师对属于人的一切都有要求。托斯卡尼尼在他生活的各个方面都展示了这一点。

1928年10月,有人写信给住在柏林的爱因斯坦,其中问及音乐爱好对他的主业是否有影响,因为两者是如此不同。1928年10月23日,爱因斯坦回复道:

音乐并不影响研究工作。这两者都从同一个渴望之源汲取营养,而且它们给人的慰藉是互补的。

八

"上帝所给予的,亦由上帝收回"

爱因斯坦的朋友奥托·尤利斯伯格(Otto Juliusburger)是一位精神病医生,在柏林开业。他还熟悉斯宾诺莎和叔本华的哲学,堪称专家。身为犹太人,他察觉到危险与日俱增。1937年,他花了心思把两个孩子先后送到美国;在臭名远扬的纳粹毒气室现身前的最后时刻,他们夫妇俩终于来到美国和孩子们团聚。以下各段都摘自爱因斯坦写给尤利斯伯格的信件,还有一段摘自尤利斯伯格写给爱因斯坦的信。

1937年9月28日,爱因斯坦从普林斯顿写信给当时还在柏林的尤利斯伯格,兴奋地告诉他,他儿子已顺利抵达美国，他女儿在进入美国的手续方面也有好消息。谈了些其他问题后，爱因斯坦最后提及自己新近的研究工作；这项工作和他长期的研究有关，即把引力和电磁联系起来的统一场论。以下是信的最后几段：

我依然在对付十年前那个老问题。细节上固然有进展，但最终目标始终未能达到；尽管有时候看起来貌似就要大功告成。工作很艰苦，但也令我获益匪浅：艰苦是指这个目标我力不能及，而获益是说，它使我对生活中那些令人分心的琐事全然无感了。

我没法适应这里的人及他们的生活方式。我过来时已经上了年纪，难以改变了。实话说，我在柏林时也这样，甚至在瑞士时也是如此。有些人生来就是孤独者，你懂的，因为你也是。

下面这封信是爱因斯坦于1941年8月2日写给尤利斯伯格的。当时尤利斯伯格夫妇已经在美国安顿好了：

时隔多年,还能在此地欢迎你,我真是幸运。我曾经强迫自己默不作声,因为巴伐利亚的人只要和我沾上关系就会遭殃。你敬爱的叔本华说过,亲身在凄苦中经受煎熬的人连悲剧都达不到,他们注定要在悲喜剧中挣扎——诚然!我这方面的感受可多了。昨天被当成偶像,今天被憎恨唾弃,明天被置之不理,后天又被奉为圣人。幽默是唯一的解脱良方吧。只要我们一息尚存,就千万别把幽默感丢下。

1942年9月30日,爱因斯坦给尤利斯伯格写了下面这封信。第一段提到的祝贺可能是犹太新年的贺词:

你和善的言辞令我深受感动,请接受我这迟到的祝贺。我知道我当不起这样的溢美之辞,但你字里行间洋溢的友好与热忱令我快乐。

我想,我们现在终于可以期盼,有朝一日那些难以形诸语言的罪行都将被清算。但是这凄苦,绝望,惨无人道的屠杀,所有这一切都已然发生,永远无法弥补。我们可以指望的是,时至今日,即便是最冥顽不灵的人也该明了,谎言和暴政终究不可能笑到最后。

在你身上我们可以看到坚韧不拔的毅力,这来自对真理的探求。对我来说,生活中唯一真正的满足也来源于此。在如此这般世代相传永无断绝的人类群体中,咱们可以找到这样的庇护所把绝望和孤独摒除在外。

尤利斯伯格在1942年9月写信给普林斯顿的爱因斯坦,信中提到15年前为爱因斯坦的岳母举行的葬礼,并回忆起当年离开墓地时爱因斯坦对他说过的话:

那篇美丽的祈祷文的结尾,"上帝所给予的,亦由上帝收回;荣耀归于上帝",可见丰富多彩的人生就是这样来了又逝去了——逝去是为了再次到来。

1946年4月11日,爱因斯坦在给尤利斯伯格的信中这样写道:

关于希特勒的责任问题,你的立场是明确的。法学家强加给医学的那种微妙区分,我是从未真正信服过。客观地讲,说到底,自由意志并不存在。我认为我们总该保护自己不受危险人物威胁,无论后者的行为动机是什么。既然如此,那又何须为责任制订标准呢?我相信,当今人们的伦理道德之所以沦丧到如此令人发指的地步,主要是因为由于生活的机械化和非人性化——这是科学和技术思维发展的一个灾难性的副产品。罪孽啊!我想不出办法对付这个灾难性的弊病。人类比他们居住的星球冷却得更快。

1947年9月29日,爱因斯坦给尤利斯伯格这样写道:

我从几位朋友那里得知,你正在庆贺你的八十岁生日!我几乎不敢相信!像我们这样的人,固然和大家一样,终有一死;但无论我们活得多久都不会衰老。我是说,在这个我们降生其间的伟大的神秘世界面前,我们永远是好奇的孩子。于是人世间那些不合意的种种总是同我们保持着距离——这可不是小事。

每天早晨,当我对《纽约时报》上的新闻感到不爽时,我总可以这样对自己说:和我们差点没能收拾掉的希特勒主义比起来,眼前的东西终究要好不少。

上面这封信,使我们回想起爱因斯坦在很久以前写过的另一段文字。当时弗德里戈·恩里克斯(Federigo Enriques)教授在博洛尼亚举办过一次科学大会,爱因斯坦也参加了。他在会上结识了教授的女儿阿德里安娜(Adriana)。也许阿德里安娜曾经问爱因斯坦要亲笔题辞,无论她是否提出过要求,爱因斯坦于1921年10月给她写了这样一段话:

在对真与美的研习和探究中,我们可以永葆赤子之心。

致阿德里安娜·恩里克斯,纪念我们1921年10月的结识。

以下是两封涉及死刑问题的信件。爱因斯坦1946年4月11日写给尤利斯伯格的那封信,可以和第二封参照着看。

1927年11月3日，爱因斯坦在给柏林某出版商的信中谈到了死刑问题，他说：

我相信，废除死刑是可取的。
理由如下：
（一）死刑会使万一发生的司法错误无法挽回。
（二）执行死刑的程序，会对直接或间接参与这一程序的人产生很不利的影响，影响后者的精神。

1931年11月4日，爱因斯坦给布拉格一位忧心忡忡的年轻人写了回信，信中也提到了死刑问题。以下是摘录：

你问我对战争和死刑怎么看。后面这个问题稍微简单些。我完全不赞成惩罚，但是作为服务社会的保障措施，我可以认同。以此为前提，原则上，我不反对把无价值的或危险的个体处死。但我不赞成这样做，这是因为我不相信人，即不相信法庭。在我看来，生命的质量重于数量；正如在大自然中，普遍原则比单个物体更能反映真正的现实。

良知良能

1954年2月1日，有人在给爱因斯坦的信中引用爱因斯坦过去的号召，说为了维护言论自由和反对战争，必要时大家要有为之坐牢的觉悟。来信者说，他妻子看到爱因斯坦的呼吁后指出，纳粹一掌权，爱因斯坦就在第一时间离开了德国，并没有留下来冒着坐牢的危险发表自己的意见。她把爱因斯坦和苏格拉底作对比，说苏格拉底就拒绝离开祖国，留下来一直"战斗到底"了。她还说，对于有名望的人而言，发表意见要比无名小卒容易得多。

1954年2月6日，爱因斯坦用英语回复如下（出于某些理由，爱因斯坦在英文版本中删去了德语底稿中的半句话，现在我们把这半句的翻译放在方括号中）：

谢谢你2月1日的来信。我认为尊夫人的话十分中肯。确实，和没名气的人相比，稍有名望的人在那种情况下承受的危险要小些。但是，除了在必要时一遍遍地发表自己的言论外，咱们是否有更好的办法来运用自己的"名声"呢？

把我和苏格拉底对比，就不是特别恰当。对于苏格拉底来说，雅典就是整个世界。而我却从来没有把自己和某个特定国家联系在一起，更别说德国了——我担任了普鲁士科学院的院士［还有我从小学会了德语］，这就是我同德国唯一的联系。

我相信民主，但我深知，倘若没有那么一批怀有社会意识和正义感、愿意为实现信念抛头颅洒热血的男女勇士，整个社会就将陷入停滞甚至倒退。和往常相比，在当今的时代更是如此。无须说，你肯定懂得这一点。

对于最高法院大法官路易斯·D·布兰代斯（Louis D. Brandeis），爱因斯坦十分钦佩。下面摘录爱因斯坦于1931年10月19日从卡普特写给波士顿刊物《犹太辩护人》的一封短信，当时这家刊物正在庆贺布兰代斯75岁寿辰：

人类的进步，与其说基于发明创造，不如说基于布兰代斯这样的人的良知良能。

1936年11月10日，爱因斯坦从普林斯顿给布兰代斯寄去这样一封信（手写的原件现藏于路易斯维尔大学法学院布兰代斯书信文件中）：

今天是你的八十寿辰，怀着深深的敬仰与伙伴之情，我同你握手。据我所知，没有人能像你这样，把深奥渊博的才识同严于律己的自制结合在一起，默默地服务社会并从中找到人生的全部乐趣。我们大家感谢你，不仅为你的成就、你的影响，而且为你带给我们的喜悦：在当今这个缺乏真正人格的时代，依然有你这样的人存在着。

致以敬意和问候……

瓦尔特·怀特（Walter White）是全国提高有色人种地位协会的秘书。他不但姓白，肤色也是白的。

他想作为白人生活下去的话很容易，这样就可以避免种种麻烦和迫害——当时黑人在我们社会中遭受的迫害比现在还要严重。但是他选择为黑人兄弟的权利而斗争，他知道这样一来他自己将承受多少痛苦。1947年，他写了一篇感人肺腑的文章《为什么我仍是黑人》，发表于10月11日出版的《星期六文艺评论》。爱因斯坦读了这篇文章后给编辑写了一封信，以下是信的正式译文：

读了怀特的文章，我领略到这句话的深意：对于人类来说，通向伟大的道路只有一条，那就是亲历苦难之路。倘若这苦难源于世俗传统社会的盲目和昏庸，那么它会令弱者沉溺于盲目的仇恨；而强者则被激发出道德上的恢宏力量，假如没有苦难，人类几乎不可能拥有如此强大的力量。

我相信每一位敏锐的读者都会同我一样，读完瓦尔特·怀特的文章后心里被真诚的感激充满。他讲述了他自己的故事，扣人心弦、令人信服，使我们能够陪伴他走过这条通向伟大的苦难之路。

"人非机器"

下面这封信,是爱因斯坦在 1942 年 11 月 4 日用英文写给一个巴西人的。闲话少叙,直接看信好了:

我认为,你的建议在原则上不无道理:通过一小批人来管理经济,这些人已经证明自己具有创造力,并热忱而无私地致力于现状的改善。但你说通过"测试"来选择这样的人,我就不敢苟同了。这是典型的工程思维,它和你自己说的"人非机器"没法自洽。

另外,你还得考虑这个因素:把这个最合适的人选出来,事情还没完呢——你得让各国服从他们的选择和政令。如何实现这一点,我就心中无数了。这比选好人还要难。拿现有状况以及存在至今的状况来看,倒是较为庸劣的人物有办法实现这一目标。自古以来,领导人掌权并非靠思维力、决策力,而是靠宣传、说服，并利用同伴们的缺陷。

这是个老问题：如何把权力交给有能力、有好意愿的人？这个问题至今没有答案。很遗憾，在我看来你也没能解决它。

1917年12月6日，第一次世界大战期间，爱因斯坦从柏林写信给苏黎世的亨利希·粲格尔。信上没有标明日期：

这个爱好文化的时代，怎么竟能堕落到如此地步？我越来越把厚道和博爱置于一切之上……所有这些被吹捧的技术进步——我们的所谓文明——就如同病态罪犯手中的利斧。

宽　　容

1934年，爱因斯坦为一家美国杂志撰写了一篇关于宽容的文章。编辑要作些修改而爱因斯坦不乐意，所以爱因斯坦收回了文章，至今没有发表。以下是此文的摘录：

什么是宽容？当我自问的时候，我想起幽默的威廉·布什（Wilhelm Busch）给"节制"下的定义：

节制，就是由"不做"各种事而得到的快乐。

类似地，我可以说：宽容，就是对于那些习惯、信念、品味异于自己者的品质、观点和行动作出友好的评价。宽容并非对他人的行为和感受漠不关心，理解和同情必须是题中应有之义……

任何高尚伟大的成就，艺术也好，科学也罢，无不出自独立的人格。当文艺复兴使个人可以不受束缚地发展自己的时候，欧洲文化才从沉闷的停滞中取得最重要的突破性进展。

因此，最重要的宽容是社会和国家对于个体的宽容。为了确保个人发展所必不可少的安全，国家固然是必要的。但是，倘若国家变成主体、个人沦为唯命是从的工具，那么一切好的价值就沦丧殆尽。为了种植树木，磐石必须被打碎；要让植物茁壮成长，土质应当肥沃疏松。同样，只有当社会足够开明，个人可以自由发展自己的能力的时候，人类社会才能取得有价值的成就。

有时候，爱因斯坦自己的宽容也颇为勉强。下面我们可以看到，他怎样借助辛辣的讽刺安慰自己。

像爱因斯坦的相对论这种深奥又富于技术含量的理论，竟然会成为政治攻击的目标，这实在离奇。攻击还往往很恶毒。在德国，纳粹谴责这一理论是犹太人的理论、共产主义的理论，说它毒害了德国科学的源头活水。因此，科学家们当然被禁止传授这一理论。只有少数勇敢无畏的人才敢藐视纳粹的禁令，但即便是他们也不得不采取策略，比如阐述理论时不提及爱因斯坦，也不用"相对论"这个词。

至于苏联人，他们可不像纳粹那样确信爱因斯坦的理论属于共产主义。事实上，由于苏联国内对相对论是否符合唯物辩证法——马克思主义哲学的基本原理——进行的辩论，官方对相对论的态度趋于复杂。因此，苏联科学家支持相对论是要担风险的。这一状况现在已有所改善，但是直到1952年4月，苏联科学院的一位院士还在指责爱因斯坦把物理学拽入了"唯心主义的泥潭",他说爱因斯坦犯了"主观主义"的错误,而马克思主义唯物辩证法则建立在"物质世界的客观性"之上。另外,这位院士还公开点名批评两位苏联科学家,谴责他们赞成相对论。美联社曾把这次攻击广为报道,在伦敦的一位老朋友把在柏林发表的对这一事态的报道寄给了爱因斯坦。

在爱因斯坦的书信文件中,我们发现了下面这则未曾发表过的讽刺评论。我们相信它写于50年代初。几乎可以肯定,促成爱因斯坦下笔的主要原因就是苏联对相对论的态度,尤其是上述事件:

当全能的上帝在为自然界颁布永恒法则时,有这么个疑虑使他忧心忡忡,而且他再也没摆脱过这个疑虑:倘若马克思主义唯物辩证法的最高权威宣布,某些法则甚至全部法则皆为非法,那局面会有多尴尬啊。

后来,当他动手创造马克思主义唯物辩证法先知和智者时,类似的疑虑又一次潜入他的灵魂,但他很快恢复了平静。因为他有足够的把握:这些先知和智者永远不会认为马克思主义唯物辩证法的教条会同理智与真理背道而驰。

我自己就是大自然的一部分

一位英国人给住在德国的爱因斯坦来信,询问他这么个问题,这问题是爱迪生提出来的:当你行将就木,躺在床上回顾一生的时候,你根据什么来判定自己的人生是成功还是失败?1930年11月12日,爱因斯坦这样回复道:

无论我弥留之际还是在此之前,我都不会问自己这样的问题。大自然并不是工程师或承包商,我自己就是大自然的一部分。

九

为道德而战

1950年11月13日,纽约布鲁克林的一位牧师写信给普林斯顿的爱因斯坦。信中谈到26年前他还在大学念书时,曾经买过一张爱因斯坦的签名照片,珍爱至今。他还说,希特勒上台后不久爱因斯坦曾经发表过一次讲话,他自己在布道坛上经常引用里面的名言。他问爱因斯坦是否愿意亲笔把其中的两段抄录给他,他想把爱因斯坦的手迹连同照片一起镶入镜框。

他说他不想被看成寄生虫,所以在信里附上了一张支票——并不是酬金,因为他知道爱因斯坦的手迹不是金钱可以买到的;这是他赠予爱因斯坦的礼物,以示感激，怎么处理都可以。他在另一张纸上抄录了他所指的两段话，现转载如下：

"我酷爱自由。当德国发生革命时，我曾期望各所大学出来捍卫自由，因为它们总是吹嘘着要为真理献身；但是没有，它们没多久就噤若寒蝉。接着我寄希望于报刊杂志的大编辑们，因为他们总是在社论里激情洋溢地表达对自由的热爱；但是他们和大学一样，不出几个星期就陷入死寂。然后我又把目光转向个别作家，他们都是德国文艺的向导，笔耕不辍而且经常谈论当代生活中的自由问题；但是他们也悄无声息。

只有教会站了出来，对希特勒压制真理的运动表示反抗。此前我从未对教会有过什么特殊兴趣，但现在我却深感温暖和钦佩，因为只有教会才有勇气和毅力为真理和精神自由而战。我不得不承认，对于我曾经不屑一顾的东西，如今我是无保留地赞颂。"

1950 年 11 月 14 日，爱因斯坦用英语写了回信：

你 11 月 11 日来信中那友善慷慨的溢美之辞令我深受感动，但是我有点为难。你引用的这些话并非出自我口。希特勒掌权后不久我曾经同一位报纸记者口头谈论过这些事，但我的话经过包装和夸大之后，已经近乎面目全非了。因此我不能昧着良心把你寄来的话当成我自己的抄录给你。

更令我为难的一点是，我同你一样，对教会在历史上的活动——尤其是政治活动——主要持批评态度。因此，即便把上面这两段话恢复成我说的原样（具体我已经记不清了），它给出的印象也与我的总体观点不同。

如果你能另选一段的话，我将十分乐意书写给你，以满足你的要求。

1950年11月16日，牧师回信说，他很高兴知道这两段话本身有误，因为他本人也对教会的历史作用持保留态度。他在这个话题上花了较长篇幅，然后笔锋一转，为自己的"布道"表示歉意。他请爱因斯坦自己选择题赠的内容，并向爱因斯坦的先知精神表示敬意。最后他祈祷上帝赐福给爱因斯坦。

1950年11月20日，爱因斯坦寄出了下面这篇题辞：

人类最重要的努力，莫过于在实践中为道德而战。我们的内心平衡甚至存在本身都有赖于此。只有实践中的道德才能给生命以美丽和尊严。

教育的首要任务，就是让道德成为活生生的动力，并使人清楚地意识到这一点。

道德不应该建立在神话或权威之上，否则，对于神话或权威之合法性的质疑，会令健全的判断及行为沦落无根。

1947年1月27日，爱因斯坦收到全国基督徒与犹太人协会发来的一份电报，电报近乎命令地要求爱因斯坦写25到50字对"美国兄弟会"表示支持，并用收电人付款的方式拍到该协会。这等话题简直是逼人写陈词滥调，爱因斯坦可不会上钩。他用英语回电如下：

当今各种宗教的信徒，倘若都能热忱地遵循宗教创始人的精神来思考和实践，那么不同信仰间的宗教敌意就不可能存在。就连宗教内部的冲突，其实质也会昭然若揭：都是无谓之争罢了。

同一年的 10 月 14 日，爱因斯坦收到一封长电，电报说，10 月 19 日在纽约市滨河大道将举行一场隆重盛大的纪念碑场地捐赠仪式，为建碑纪念参加华沙犹太区战斗的英雄们以及欧洲 600 万罹难的犹太人；届时将有许多外交官和杰出人士在仪式上发表演说。该电邀请爱因斯坦以贵宾身份参加；倘若无法出席，那么希望爱因斯坦在 10 月 16 日之前发一封信，给这次仪式增光添彩。

这回爱因斯坦无须请求，因为这是他衷心拥护的事业。他用英文回了这样一封信，信上的日期是 1947 年 10 月 19 日：

今天的庄严集会意义深远。当代史上惨绝人寰的罪行距离我们今天还不到几年；这罪行并非由狂热的暴徒犯下，而是由一个强国政府冷酷地策划的。这场德国大迫害的幸存者们足以见证，人类的道德良知可以衰弱到何等地步。

今天的集会表明，并非所有人都准备默默地接受这样的恐怖。想要捍卫尊严，想要保护个人的天然权利，所以人们在此集会。它意味着对这一事实的承认：适合于人类的生存——即便仅仅是生存——也同我们对永恒道德的坚持息息相关。

为此，我愿表达我的赞赏和感激——作为人类，作为犹太人。

十

"阿尔伯特·爱因斯坦教授"

1946年8月3日,某美国货船的总工程师给住在美国的爱因斯坦写来一封谐趣横生的信,告诉他船上发生的一件小事。在德国靠岸的时候,水手长和木匠发现一只饿得半死的小猫,他们把小猫带到船上养了起来。在他们的精心照料下,小猫茁壮成长,而且精神抖擞欢蹦乱跳,和自己的恩人们亲得不分彼此。但有一次,小猫把一个逗它玩的水手抓伤了,水手嚷嚷说小猫准是疯了。水手长为小猫辩护说,即便它疯了它也和爱因斯坦一样疯,因为它和爱因斯坦一样聪明,所以才离开德国来到美国。这么一来,水手们正式给小猫取名为"阿尔伯特·爱因斯坦教授"——他们可看不出"相对论"和"亲戚"的区别。①

1946年8月10日,爱因斯坦用英文回复道:

非常感谢你这段友善而好玩的故事。我向这只与我同名的小猫致以最亲切的问候,并捎来我家那只公猫的问候——它对这个故事很感兴趣,甚至有点嫉妒。因为它自己的名字叫"老虎",和你们的小猫不同,这名字和爱因斯坦家族扯不上亲戚关系。

衷心问候你,问候小猫的收养人,问候和我同名的小猫……

不乐意落在众神手里

以下两封信,是爱因斯坦从普林斯顿寄给英国的

---

① 英文中"相对论"(relativity)乍看上去很像"亲戚"(kinship)的同义词 relative。——译者

格特鲁德·瓦尔施豪尔（Gertrud Warschauer）的。她是一位寡妇，她丈夫过去是柏林的犹太学者（rabbi）。爱因斯坦在信中对她连续两年寄来的圣诞礼物表示感谢。关于第二封信中提到的英国人迈克尔·法拉第（Michael Faraday），这里先说几句：他是一位自学成才的天才，是可爱的人，也是史上最伟大的实验物理学家之一。他在电磁领域里的发现和革命性的观点对于相对论的形成有着重要影响。第一封信写于1952年1月2日：

亲爱的格特鲁德：

我面前摆着你赠我的可爱的直尺（ruler）。迄今为止，我一向靠直觉来判断我造出来的东西是直是曲、是平行还是倾斜。不过我觉得，只要有可能，你也不乐意落在众神手里吧？对于统治者（ruler），我就是这么看。

第二封信写于1952年12月27日：

这本关于法拉第的小书让我很欢乐。这家伙热爱神秘的大自然，就如同情种恋慕着远方的心上人。他那个时代还没有被专业化搞得单调乏味——透过角质架上的眼镜片自以为是地瞪视事物，诗意被破坏殆尽……

"我们"这个词我可信不过

在爱因斯坦的文稿中我们发现这么一首四行诗，貌似还没发表过，对于它的写作时间和背景我们都一无所知：

"我们"这个词我可信不过，
谁也没法指着别人说"他就是我"；
协议背后总有事儿不大可靠，
表面一致掩盖着鸿沟一条。

放过我的房子

阅读下文之前，读者诸君先得知道两点。第一，有一次提香（Titian）给查理五世皇帝画肖像时，不慎把画笔掉在地上。皇帝客气地帮他捡起画笔，并说提香接受皇帝的效劳是受之无愧的。第二，圣弗罗里安（St. Florian）[①]常被描绘成手持容器倒出烈焰的形象，人们会祈求他保护自己免遭火灾伤害。而爱因斯坦在附言中说的是德语中的流行语，它不光用来指火灾。

有一位德国著名作家曾经给许多名人画过肖像，他准备最终出版一本专集。一家美国杂志打电报给他，请他画一幅爱因斯坦的肖像；他打算在杂

[①] 圣弗罗里安生于现在的奥地利境内，基督教殉教者，在1183年左右他被封为波兰及中欧其他一些地区的保护圣徒。他是在罗马皇帝迪奥克里西安对基督徒的大迫害中殉难的。——译者

志刊登这幅画之后将画收入自己的专集。因此,在1931年11月12日,他给住在柏林的爱因斯坦写了一封言辞恳切的信,询问爱因斯坦是否愿意给自己当模特。他说政治家对这种事总是有求必应,因为他们需要扬名;但他知道爱因斯坦可不情愿。他又说,即便是查理五世皇帝也给提香当了几回模特;考虑到爱因斯坦的伟大程度,他保证不让爱因斯坦为自己捡笔。

1931年11月17日,爱因斯坦这样回复道:

假如提香给查理五世皇帝画的是肖像明信片,任何人只要花十个芬尼就能买到,那么你是否还认为皇帝会如此热心呢?我相信他会欣然地为提香捡画笔,但他肯定也会跟提香说,别让自己这样大出风头——起码是在他还活着的时候。

所以,假如我也这样想的话,请别生我的气。再说我过不了几天就得去加利福尼亚了,我抽不出时间……

P. S. 噢圣弗罗里安,放过我的房子吧,烧别人家的房子吧!

这就是个谜

为纪念狭义相对论创立 50 周年，人们计划于 1955 年在伯尔尼举行一次科学大会。这一理论是爱因斯坦当年在伯尔尼专利局工作时创立的。爱因斯坦的朋友马克思·冯·劳厄（Max von Laue）写信邀请爱因斯坦以贵宾身份出席大会。但爱因斯坦当时七十有六，最后的日子已经临近了。1955 年 2 月，他给冯·劳厄写了这样的回信：

> 我现在年老体弱，实在没法参加这类活动；同时我也必须承认，这种天意的豁免对于我实在算是解脱。因为任何同个人崇拜沾边的东西都令我难受。

下面摘录爱因斯坦于 1949 年 12 月 27 日写给一位艺术家朋友的信：

一个人兢兢业业地对工作死磕，其动力究竟是什么？这真是个谜。为了谁呢？为自己吗？——可是，用不了多久人就会离开世界。为同时代人？为子孙后代？不，这就是个谜。

十一

五 十 寿 辰

1929年3月14日是爱因斯坦的五十寿辰。这是一件盛事，礼物、贺电贺信从世界各地潮水般涌来，要求采访的各类记者也层出不穷。爱因斯坦对此早有防备，他事先就逃离柏林的寓所躲了起来。事情过去后，爱因斯坦得面对这么个问题：如何感谢这么多祝贺他生日快乐的朋友们呢？他提笔写了一首诗，这样问题就迎刃而解了。亲手书写的诗稿被印刷成很多份分别寄给他的朋友，后面有时会添上简短的个别问候。下面是这首诗的译文：

今天人人都祝我快乐，

用最美好的方式向我道贺。
四面八方传来问候，
各位都是我的亲朋好友。
眼前堆满了精致的礼品，
挑剔如我都倍感称心。
大家都在竭尽全力，
使我这老人满心欢喜。
乐曲一般的优美声调，
把这一天装点得无比美妙。
街头的小贩伴着好友，
也为我献上了小曲多首。
我感到仿佛身在天堂，
如同雄鹰在高空翱翔。
到而今长日即将终了，
该由我向诸君问好。
你们为我做的一切，
太阳都为之兴高采烈。

A·爱因斯坦

peccavit①1929 年 3 月 14 日

"你站在自己的命运之上"

爱因斯坦在他五十寿辰时收到的贺信中,有一封来自诺贝尔奖获得者弗里茨·哈贝尔(Fritz Haber)。其中一段是:

几百年后,路人都会知道我们这个时代是第一次世界大战时代;而受过教育的人则会把本世纪的前四分之一同你的名字联系在一起。正如今天,大家把十七世纪末称为路易十四战争时代,而有人则会称之为牛顿时代。

---

① 艺术家会在自己的作品上写上拉丁词"fecit",意思是"某某作",然后写上名字和日期;爱因斯坦这里用的拉丁词"peccavit",意思是"某某罪过"。

十年后,爱因斯坦的密友、诺贝尔奖获得者马克思·冯·劳厄给爱因斯坦的六十寿辰写来了这样一封贺信(当时爱因斯坦在普林斯顿):

……现在你真正安全了,仇恨再也够不着你。如我所知,你内心早已对它处之泰然,你站在自己的命运之上。和以往相比,任何种类的情绪都再也伤害不了你的事业;只要地球上的文明依然存在,你的事业就不会被磨灭。

"千年不坏"

1936年5月1日,一位著名的美国出版家写信请爱因斯坦帮个忙。出版家准备在老家建一个图书馆侧楼,已经破土动工;他想在奠基时埋下一只密封金属罐,罐里装入对后人来说具有考古价值的东西——比如,用特殊方法印刷在能保存很久的优质纸上的

《纽约时报》。他请爱因斯坦题赠一段话用以封入罐中,为此他特意寄来一张优质证券纸,号称至少可以千年不坏的。

1936 年 5 月 4 日,爱因斯坦寄来这么封回信,多半就打在那张千年不坏的纸上:

亲爱的子孙后代们:

假如你们没有变得比我们(或曾经的我们)更正直、更爱好和平、更为理智,那么,就请你们见鬼去吧。

怀着万般敬意虔诚地祝愿。

我是(或曾经是),

你们的,

阿尔伯特·爱因斯坦

哲学如同母亲

有人写信向爱因斯坦提了两个问题。第一,他是否从所谓的思辨哲学中受到过启发？第二个问题有点绕：随着当代物理对空间、时间、因果性、宇宙边界、起始和终结等问题的研究，爱因斯坦是否也认为，思辨哲学这一"科学"已经失业了？换言之，用科学家 R·C·托尔曼（R. C. Tolman）的话讲，"哲学就是对一整套为此目的而特意编造的术语的系统性误用"，爱因斯坦是否同意这话呢？

1932 年 9 月 28 日，爱因斯坦从柏林写了回信：

> 哲学如同母亲，她生养了其他一切科学。因此我们不该嘲讽哲学的贫穷和赤裸。我们应该希望，她那堂·吉诃德式的理想会有一部分在她的后代身上永存，这样后者就不至于流于庸俗。

"最后两分钟"

阿尔伯特·爱因斯坦产业管理局乐意接受任何相

关材料。1957年,有人在了解到这一点之后给管理局写来一封信。信中回忆起七年前有人建议举办一次名为"我将怎样度过最后两分钟"的电视节目,每位被访者都晓得这两分钟指的是弥留之际。他们打算邀请埃莉诺·罗斯福(Eleanor Roosevelt)[①]和阿尔伯特·施魏策尔(Albert Schweitzer)[②]这样的著名人士参加访谈。于是来信者向爱因斯坦发出了邀请。这个选题乍一看引人入胜,但仅限于第一眼罢了。爱因斯坦就看得很透彻。1950年8月26日,爱因斯坦用英文写了这样的回信:

我无法参加你们举办的电视节目"最后两分钟"。在我看来,人怎样度过归天前的最后两分钟,这个问题似乎无关宏旨。

回忆了这段往事后,来信者说:"无须说,这大

[①] 埃莉诺·罗斯福,美国社会活动家,富兰克林·罗斯福总统的妻子。——译者

[②] 阿尔伯特·施魏策尔(1875—1965),法国基督教牧师、哲学家、医生及音乐家,1952年获诺贝尔和平奖。——译者

大改变了我的生活。"

关键是你自己不要在意

爱因斯坦是出了名的不修边幅,衣服总是穿得松松垮垮。1955年3月初,纽约某小学的五年级学生们得知爱因斯坦不仅健在,而且快要过76岁生日了。于是在老师的帮助下,他们在3月10日给爱因斯坦寄了信祝他生日快乐,随信还寄去一枚领带别针和一套袖扣作为生日礼物。这是爱因斯坦最后一次过生日了。

1955年3月26日,爱因斯坦用英语写了回信:

亲爱的孩子们:

感谢你们给我寄来礼物与祝贺。这礼物给了我恰当的提醒:今后该穿得稍微讲究一些啦。说实在的,领带和袖口对于我已经是遥远的记忆了。

1946年7月10日，一位英国学生从南非开普敦的寄宿学校给普林斯顿的爱因斯坦写来一封天真可爱的长信，请爱因斯坦题辞。来信中说："我多年前就该给你写信了，可是我竟不知道你还活着。我在历史方面很糟糕，我以为你生活的年月大约是18世纪呢。我多半是把你跟伊萨克·牛顿什么的搞混了。"接着这位学生又说到自己的一位朋友，说他们对天文学兴趣浓厚，经常在晚上爬过长官的房间到外边观察星象，尽管已经几次被抓和受罚。这位学生承认自己没法理解弯曲空间。在结尾还以满腔的爱国心写道："你已经是美国公民了，好遗憾。你是英国人该多好啊！"

1946年8月25日，爱因斯坦用英文回了信：

亲爱的马斯特（Master）……

感谢你7月10日的来信。为我至今还活着一事，我不得不表示歉意。不过这事是可以补救的。

至于"弯曲空间"什么的，不用担心。将来你会懂得，这是空间所可能具备的最为简洁的形态。在这里，"弯曲"一词的含义和它在日常语言中并不相同。

希望你和你朋友将来的天文学研究再也不要被学校当局的耳目发现。大多数好公民都是这样看待政府的，而我认为这态度是正确的。

你的真诚的，

收到爱因斯坦的亲笔回信后，这位学生欣喜若狂。尽管由于她这个不寻常的名字①，爱因斯坦把她错当成男孩了。1946年9月19日她回信说："忘记告诉你了……我曾是个女孩，我是说，我是女孩。②我一直对此感到遗憾，但事到如今我已经多少接受现实了。"在信末她写道："我得说，当我得知你还活着的时候，我可没失望哦。"

爱因斯坦回复道：

我并不在意你是个女孩，但关键是你自己不要在意。在意这个可没有道理。

---

① "Master"在英文中可以理解为少爷或大师。——译者
② 前一句是过去时态，这一句她干脆换成了现在时。——译者

十二

爱因斯坦论和平

下面这篇文稿是爱因斯坦在普林斯顿写的,大约写于1935年。文稿上有"不发表"的字样。爱因斯坦逝世后,它被发表在奥托·纳坦和海因茨·诺登(Heinz Norden)合编的《爱因斯坦论和平》一书中。这篇文章的言辞异常激烈,也许正因为这个爱因斯坦才不愿意发表它。不过当初写下它时,爱因斯坦想必长出了一口恶气。

在欧洲的心脏,悲惨绝伦又荒唐怪诞的景象正愈演愈烈,这是德国历史上抹不掉的奇耻大辱。在这一事实面前,自命为文明的国际社会也没有丝毫光彩之处!

几个世纪以来,前仆后继的教书匠们和吆五喝六的军头们一直在给德国人洗脑灌肠。德国人在艰苦的工作中承受训练,他们学到了很多;但同时他们也被管教得俯首帖耳,统治他们的是军规律令和野蛮粗暴。战后魏玛共和国的民主宪法之于德国人,就如同巨人的衣裳套在拇指矮人的身上。不久便是通货膨胀和经济萧条,人人都在恐慌紧张中煎熬。

于是希特勒出场了。此人智能有限,没法胜任任何有用的工作,对所有环境、天赋高过自己的人都妒火中烧。他出生于下层中产阶级,所谓的阶级优越感,使得他对为争取平等生活水准而斗争的产业工人也满怀仇恨。而他最为痛恨的则是他从未享受过的文化和教育。他拼命攫取权力,他发现他那语无伦次、充斥着怨愤的演讲受到那些和他境遇相似、志趣相投的人们的热烈欢迎。于是他从街头、酒馆搜罗起这批社会渣滓,把他们团结到自己周围——这就是他政治生涯的起点。

而使他得以成为领袖的根本原因则在于,他仇视一切外国的事物,尤其仇视手无寸铁的少数民族,即德国犹太人。犹太人的才智令他六神无主,他认为这是非德意志的东西——这倒是不无道理。

他对这两个"敌人"喋喋不休大放厥词,终于使他赢得了大众的支持。他向大众许诺了辉煌的胜利和黄金般的未来。为了达到自己的目的他精明地利用了德国人世代相传的勤于训练、忠于命令、盲目服从和野蛮残酷等诸般特点。就这样,他登上了元首宝座。

大量的金钱涌入他的保险箱,其中有不少来自富裕的有产阶级;后者将他视为保护伞,想靠他来防止人民获得社会经济解放——这解放在魏玛共和国已经初露端倪。为了讨好人民大众,他重弹世界大战前大家已经听惯了的浪漫的伪爱国主义老调,散布"雅利安人"或"北欧人"高人一等的神话,这神话是反犹主义分子为了他们的险恶目的编造出来的。对于这些胡言乱语,他自己究竟相信到何种程度?由于他人格分裂,人们对此无法确知。然而他周围的那些拥护者,纳粹狂潮中泛滥起的沉渣们,绝大部分都是心狠手辣的无耻之徒,他们对于这些肆无忌惮的手段的虚伪性可是一清二楚的。

"你站在我的心中对我说话"

莱奥·贝克（Leo Baeck）是柏林犹太社团中的一位犹太学者（rabbi）领袖，也是一位闻名全球的学者。纳粹掌权后，国外各地给他寄来很多令人羡慕的邀请，请他担任各种职务；如果接受邀请，他就可以远离纳粹的反犹恐怖行动了。但他拒绝了所有邀请，留在德国和犹太同胞一同承受危险。他多次遭到逮捕，后来被关进特雷津集中营。直到德国军队崩溃后，他才被苏联军队解救出来。

1953年5月，在莱奥·贝克的八十寿辰，爱因斯坦从普林斯顿写来一封感人肺腑的信：

对于沦陷在德国遭受灾祸的兄弟们来说，你意味着什么，因为环境优越而安然无恙的幸运儿永远无法对这一点感同身受。你坚信自己有义务留下来，忍受这个国家冷酷无情的迫害，以此维系兄弟们的精神力量，直到最后。你不顾个人安危，同那个由罪恶累累的杀人犯组成的政府的代表们周旋；每一次你都捍卫了自己的尊严和你的人民的尊严。

有人请爱因斯坦为纪念贝克的文集撰写文章。1953年2月23日，爱因斯坦这样回复道：

我很想为你们的好计划略尽绵薄之力，但我无力为这位我们大家尊敬爱戴的好朋友写纪念文章。于是我想出这么个怪主义：我从自己的体验中提炼出了一些小药片，把它们收集起来作为赠品，也许会使我们的朋友高兴的——尽管，只有第一枚药片同他有直接联系。

这些"药片"大都是精辟的格言，举个例子：

若想成为羊群中无瑕无疵的一员，你就得让自己变成羊。

第一枚"药片"是写给贝克本人的。它不是格言，而是赞美：

祝你万福，在一生中助人为乐的人。你从不恐惧，也从无怨恨。这样的人才堪为我们效仿的楷模。身处由自己一手造就的苦难中的人类，能够从你身上获得安慰。

1954年3月17日，贝克给爱因斯坦写来这样一封信，祝贺爱因斯坦75岁生日：

在那些对道德存在与否的追问只能得到"否"的回答的日子里，当人性概念都遭到深切质疑的时候，我有幸想起了你，顿时感到内心恢复了平静和力量。多少个日日夜夜，你站在我的心中对我说话。

人们感到这样的人是永生的

1955年4月18日，爱因斯坦在普林斯顿逝世。

1955年4月26日,科内利乌斯·兰茨奥斯给爱因斯坦的女儿玛戈特(Margot)发来这样一封唁函:

……人们感到这样的人是永生的,正如贝多芬是不会死亡的一样。但是,有些东西已经逝去,那就是他生命本身的欢乐,那是他的存在中多么重要的一部分啊。很难想象,一位如此谦逊的人竟已离我们而去。他知道命运赋予自己的独特角色,他也知道自己的伟大。但是,正因为这伟大是如此卓越,他才如此谦卑——并非故作姿态,而是出自内心的需要……

早在1933年初,爱因斯坦收到过一位可能住在慕尼黑的职业音乐家的来信。显然,这位音乐家找不着工作,处境落魄,情绪沮丧。但同时,他在精神上肯定与爱因斯坦有共通之处。他的来信已经丢失,能看到的只有爱因斯坦的回信。信上的日期是1933年4月5日,所以多半是从勒科奇寄出的。下面摘录信中的片段。其中萦绕的绝望堪称永恒的问题,但爱因斯坦自己从未放弃同黑暗搏斗,我们的慰藉也在这里。请注意第一句中爱因斯坦是怎样小心翼翼地隐去了名字——这样收信人才不至于遭殃：

我就是你写的那封由比利时科学院转交的信的收信人……不要读报；试着找几个和你想法相同的朋友；阅读那些有年头的伟大著作，比如康德、歌德、莱辛，还有其他民族的古典作品；欣赏慕尼黑郊外的自然风光。无论什么时候，就当自己生活在火星吧，周围全是陌生的怪物，对于怪物的行为无须产生浓厚兴趣。不妨和动物交交朋友。这样你就能快活起来，没有什么再能烦扰你了。

请记得，好的和高尚的人往往孤独——而且必须如此——只有这样，他们才能在自己的空气中自由呼吸。

作为诚挚的同志，和你握手。

E.

爱因斯坦是世界上最伟大的科学家。但时势竟如此逼人——他在信上的署名只是一个孤零零的 E，而不是

Albert Einstein

爱因斯坦生平简表

阿尔伯特·爱因斯坦于1879年3月14日出生于德国乌尔姆，两年半后他的妹妹玛雅出生于慕尼黑。5岁时他得到一只磁罗盘，当时他被敬畏和惊奇的感觉慑服了，这种感觉持续了一生，他最伟大的科学成就也是以此为基础的。12岁时，他第一次翻阅几何学教科书，也感受到了类似的惊奇。

他厌恶德国学校的严格纪律和死记硬背的学习方法，15岁时中途退学。1896年，他进入瑞士苏黎世工艺学院学习。1900年毕业时，由于得罪了教授，他未能得到学术职位。

1901年，他成为瑞士公民。1902年，几经挫折之后，他在伯尔尼专利局找到一份工作。接着他同过去的同学米莱法·玛丽克（Mileva Maric）结婚，生了两个儿子。他们最后于1919年平静地离婚了。

与此同时，在神话般的 1905 年，在专利局工作的爱因斯坦绽放了他的天才。相对论只是他在这一年中取得的数项重大成果中的一项。

直到 1909 年他才离开专利局。接着他青云直上，1914 年跃居职位的顶峰，担任柏林普鲁士皇家科学院的带薪院士。

身为瑞士公民，他没有参加 1914 年 8 月爆发的第一次世界大战。1915 年，他发表了自己的杰作广义相对论。1919 年，他同一位守寡的堂妹爱尔莎结婚。爱尔莎在第一次婚姻中生有两个女儿。1919 年底，他的理论预言得到证实，他一夜之间名满天下。1921 年，他获得诺贝尔物理学奖。

此后的生活不必详述，它们主要同 1933 年这个关键年份有关。在德国，爱因斯坦的名望以及他直言不讳的作风使得他和他的理论都遭到反犹分子的猛烈攻击。1933 年初纳粹掌权时，他在美国，此后再也没有回德国。他在比利时的勒科奇逗留了几个月，然后在英国稍作停留。1933 年 10 月他移居美国，在新泽西州新建不久的普林斯顿高级研究所任职。他的余生就在这里度过，于 1955 年 4 月 18 日逝世。

译 后 记

《爱因斯坦谈人生》（Albert Einstein the Human Side: New Glimpses from His Archives）这本书，早在1984年就有了高志凯先生的译本，由世界知识出版社出版。这次复旦大学出版社的编辑原拟将这个译本重新出版，为此曾尝试联系高志凯先生商量版权事宜，但未能联系上。所以，最终决定由我将全书重新译出、编订，并略加增饰。

原书以空行分节，以另起一页分章。我的译本仍按原样，并且在每一章开头加上了中文序数。原书的小节没有标题，我为有些小节增添了标题，它们都是从正文内容中截取的现成短语。这既是出于编辑和我的个人趣味，也是提供一点阅读上的提示，在一定程度上有概括小节之意，未必准确，要在读者会心而已。这书的编排以"记忆自身的逻辑"为依据，因此,没有增添标题的小节,不妨视为和之前的标题小节具有较为紧密的逻辑联系。

高志凯先生的译本中缺失了第四章"伦理道德是人类自己的事"标题下关于"国家主义是种幼年疾病"的段落,以及第六章"犹太灵魂"标题下的所有内容,这或许是时代原因;我全都给补上了。原书第七章提到的音乐家 Ernst Bloch,我查了维基百科,认为此人应该是瑞士裔美国籍作曲家、指挥家欧内斯特·布洛赫(Ernest Bloch),所以我在译文中作了更正。此外,关于人名和地名的译者注,我大体沿用了高志凯先生的成果,在此表示感谢。

书中有爱因斯坦的诗作,也有小伙伴们和他的唱和。翻译英文诗对我来说是头一次,这是兴味盎然的体验,稚拙之处请读者诸君包涵。第六章"崇岭之巅"标题下爱因斯坦题写在自己照片上的小诗,我感到高志凯先生的译文我无法改易一字,但未有机会征得高先生的同意,只好全文照搬了。

在本书第八章爱因斯坦谈及了自由意志、责任及死刑问题,翻译时就触动了我的神经。爱因斯坦说客观上不存在自由意志,这未尝不可;而他说,他从未信服过法学家对于意志行为所作的微妙区分,为责任划分标准没有必要,这令我有点不敢苟同。另外爱因斯坦在书中多次提到生活的机械化和非人性化是科技思维带来的副产品,可见在他看来否定自由意志并非否定人性,前者和技术化思维之间没有必然联系——这就使我们有必要讨论一下,爱因斯坦所说的"客观地讲……自由意志并不存在"究竟该作何理解?在我看来,爱因斯坦关于死刑的看法,和他的上述思想一以贯之。所以,我想在译后记中对以上问题稍作展开。

当法学家们在谈论自由意志时,他们实际上在谈什么?我曾和法学专业的同学讨论过这个问题。在这里,和"出于自由意志"的行为相区别的,是"被胁迫"的行为。前者造成的伤害包涵在行为人动机的预期中,而后者造成的伤害出自胁迫者的动机,被胁迫者的动机仅仅是满足胁迫者的要求以保障自己的安全,如此等等。那么这两种行为需要承担的责任固然会有所不同——当然,后者也不能完全免责,因为换一个人在相同处境下,毕竟也有可能选择不受胁迫。

和这个类似的,还有"故意"行为和"过失"行为,它们之间的区别也在于行为人的动机在多大程度上包涵了危害性后果。前者可以细分为促成结果发生和放任结果发生,这就是"直接故意"和"间接故意";后者中包括应当预见后果却没有预见后果,以及预见了后果但相信能够避免,用术语说就是"疏忽大意的过失"和"过于自信的过失"。这就是法学家对于意志行为所作的微妙区分,以此区分为责任划分标准。总而言之,法学家所说的自由意志,指的就是:人能够通过行为,将动机中包涵的预期后果付诸实现,仅此而已。一个行为是否出自自由意志,取决于其预期后果、实际后果与行为人个人动机之间的异同、关联性。

而爱因斯坦否定的自由意志,和法学家所说的自由意志并不是同一个东西。这里我们可以参考叔本华的论述。叔本华认为在现象界不存在意志自由;人的行为取决于他的动机,正如物理对象的运动取决于它所受的力。对于一个物理对象而言,一旦它被放入某个特定环境,它将受到怎样的合力作用,就是完全确定的,于是它的运动就是可以预期的(这里是在说叔本华的观点，我认为可以和爱因斯坦的观点契合。量子力学什么的姑且不论）。同样，特定的人在特定处境中，怎样的动机能够对他起作用，也是完全确定的——这取决于他的性格。假如我们完全了解了一个人的性格，那么，我们也就具有完全的把握来预测他在具体处境下的具体行为模式——从这个意义上说，不存在所谓的自由意志。在此我们可以看到，否定自由意志，意思就是说人没法选择自己的动机，人的动机及行为被他的性格和处境决定；而肯定自由意志，说的是人可以通过行为来实现动机。可见否定和肯定的对象不在同一个层面，两个观点可以并行不悖。现实中，个人的动机和行为间的异同及关联性呈现出多姿多彩的相貌，需要法学家去作仔细的区分，但即便如此，仍不妨说，它们在总体上是被决定的；就好比我们可以造出花式繁多的机械来表现物理世界的因果链条、来实现各种实用的目的，但无论怎样的机械总归受物理定律的支配。

爱因斯坦又说，法律、刑罚什么的，是为了保护我们自己免受危险人物威胁，这又可以从叔本华的视点得到展开。叔本华说，法律制订了刑罚，并不是想把坏人变好，也没有能力把坏人变好。法律不想改造人自私自利的动机；法律只是通过刑罚，在自私自利的动机上增添一个反方向的动机。这样一来，当人遇到诱惑自己犯罪的处境时，自私自利的动机和忌惮刑罚所造成的反动机将会一同进入人的意识，而后者有望抵消前者的作用——法律保护我们免受坏人伤害，其机理无非就是这么回事。叔本华的刑罚观，恰好可以类比于袁中道对于"名教"的看法："名者，所以教中人也。何也？人者，情欲之聚也，任其情欲，则悖礼蔑义，靡所不为。圣人知夫不待教而善者，上智也。待刑而惩者，下愚也。其在中人之性，情欲之念虽重，而好名之念尤重，故借名以教之，以为如此则犯清议，如彼则得美名。使之有所惧焉而不敢为，有所慕焉而不得不为。"（《名教鬼神》）刑罚给坏人自私自利的动机加上一个反动机，以此避免他做坏事；而"美名"给善良不足的中等人添上一个正动机，增长他做好事的动力。

既然刑罚无非就是用来抵消有害念头的反动机，那么刑罚的轻重，就应该和它所针对的那个动机相适应；而法学家所区分出来的责任轻重，则是和动机中的坏念头分量相适应的。从这一意义上说，法学家对于意志行为的区分并非没道理，为责任划分标准也并非没有必要。不过话说回来，我倒也理解爱因斯坦的立场。他在谈及这个问题时，是在谈论希特勒应该承担的责任。动机论之类的说法，容易被拿来为这样罪大恶极的人物开脱罪责。所以，叔本华的刑罚观固然有一定的道理，但终究是偏于一面。明白了叔本华的视点以后，爱因斯坦的立场也就能找到它适当的位置。

以上在解说否定自由意志的观点时，我拿物理对象来作类比。那么这是否意味着否定自由意志就等同于把人看作物理对象，等同于用技术化思维来对待人，等同于否定人性？其实不然。技术化思维不光是把人的动机、行为全都看成是被决定的，而且还包涵这样一层自以为是：人类有能力一劳永逸地正确把握那一整套决定人动机、行为的规律，并且能正确地运用这套规律来控制人、处置人。爱因斯坦说他认为废除死刑是可取的，原因之一是他"不相信人，即不相信法庭","死刑会使万一发生的司法错误无法挽回。"从这一点上,我们就可以看出爱因斯坦与技术化思维之间的明显距离。

总体上的决定论立场,可比拟于认为天地间早已有了这样一部大书,万事万物的命运已经在上面被写定;而技术性思维,则意味着人自认为已经把这本大书读透并自认为可以照着这本大书来杀伐决断。我之所以选了"上帝所给予的,亦由上帝收回"作为第八章这部分内容的标题,就是为了表达在自然这部大书面前的谦卑以显示对技术化思维的警惕;至于上帝什么的,读过本书的读者诸君想必知道,爱因斯坦从未承认过人格化的上帝。

对于决定论立场,还有这么一种可能的意见,也能从类似的角度予以化解。既然人的动机和行为取决于他的性格和处境,既然人的性格如叔本华所说,是天生就决定了的,那么这样的立场岂不是会导致一种"什么都无所谓"的懒汉哲学?既然什么都早已被写定,那还有什么努力的必要?随波逐流就是了。对此,叔本华自己的辩驳甚为可取。他说,人的性格固然是天生就决定了的,而人骨子里想要什么,取决于他的天生性格，任何人包括他自己都对于这一点无能为力，无法改变；但是，人并非天生就能知道自己是什么性格，很多人活了一辈子都不知道自己真正想要什么，这样人生就纠结了。所以，实践和努力还是必要的，努力尝试各种生活各种欲求，才能明白怎样的生活是自己真正想要的，才能明白自己内心深处与生俱来的欲求，才能渐渐在人生中达到"自洽"，即"成为你自己"——这就是叔本华所说的"获得性格"。

简而言之，决定论立场的可取之处恰恰在于，你在行动的时候，得假装根本不知道它。

既然这样，决定论立场不就是个纯粹的形而上假定吗，还要它何用？在我看来，它不是用来建构理论、指导实践的；当我们用这一立场来看待他者、观照世界的时候，我们就离一种达观的人生态度很近了。如《庄子·达生》所说："复仇者不折镆干，虽有忮心者不怨飘瓦，是以天下平均。故无攻战之乱，无杀戮之刑者，由此道也。"我们怨恨伤害自己的人，是因为我们把伤害者看成自由意志的主体，把他看成

"有意"的；庄子说，对于屋顶上落下来砸到自己的瓦片，谁也不会怨恨。既然如此何不换个视角来看：对方伤害自己，总归有他的动机；而他之所以有这样的动机，则取决于他的性格和处境，他自己也对此无能为力。倘若我自己没有过错，那么被这样一个人伤害与被飘瓦砸到有何区别呢？对待他人的观点也是如此：尽管他的观点和我不同，但他总有持那种观点的动机和理由，所以无须对异见耿耿于怀；何况，他的动机和理由中或许未尝没有值得我尊重的点。

总之无论在实践上还是人生态度上，我所说的否定自由意志的观点、决定论的立场，其要点都在于去掉"我执"；而技术性思维，则是在强调自我的控制力、强调"我执"。爱因斯坦敬仰自然这部大书而把技术性思维视为科学的副作用，这两者的分际应当就在这里。

最后要说的一点是，叔本华关于"获得性格"的论述，已经让他那略显僵硬的刑罚观有了松动的可能：人没法天生就知道自己的性格。那么，当他受到犯罪欲望的诱惑之前，他没法知道自己的本性有多坏；同样，当他尝到行善的滋味之前，他也没法知道自己的本性有多好。那么，刑罚通过反动机避免让人受犯罪欲望的诱惑，名教借助人的荣誉感引诱人向善，这何尝不能解释为都在陶冶、塑造人的好性格呢？

我也认为人有与生俱来的性格，要改变它即便不是不可能，也是难上加难的事；我还认为，"自洽"的人生比他人眼中的善恶更重要。但我相信，人的本心大于性格，本心中包涵一切可能；超越性格达成本心，即所谓"明心见性"。但是，对于这件事，目前还是存而不论吧。

以上，可以算是本译者读完本书后与爱因斯坦的神交。不知爱因斯坦会怎么看，读者诸君又会怎么看。

李宏昀

2013 年 10 月 15 日

每一个认真读了这本小书的读者，相信都会对爱因斯坦博大的胸怀有所感触。他的博大胸怀，在科学方面，通向一个努力：

客观世界中的交错纷纭，都可以通过简单的逻辑概念来理解、把握。确实，相对论是把这一点做到了极致。

应该说，这个认识有望上通于爱因斯坦所尊敬的东方圣贤——佛陀、孔子和老子，爱因斯坦只是提到过佛陀，孔子和老子未必为他所知——揭示出的世界真相，这个真相就是老子所说的"一"。

正如弗洛伊德给爱因斯坦的信中所说，没有哪个不精通物理学的人胆敢评判他的理论。可是对于爱因斯坦关于人生的观点，恐怕会有不少的议论。今人热衷于求异，无意求是，这无疑造成了各种混乱。《祖堂集》洞山和尚章次：

问:"和尚出世,几人肯重佛法?"师曰:"实无一人肯重。"僧曰:"为什摩不肯重?"师曰:"他各各气宇如王相似。"

北宋的程伊川先生,每见后生有讥议前辈者,曰:"贤且寻他好处说。"这句话值得后人铭记。

关于人生问题的讨论,应该只能基于一个出发点,那就是对自己以及对于其他人,有无一定程度上的助益。每一个人都需要珍惜来自生命本身的思想收获,并尽最大的努力让这种感悟深入下去,他会因此越来越快乐,逐渐体验到发自生命深处的那种愉悦,这种愉悦是其他任何愉悦都无法替代的,并有着强大的生命力。

打开自己的心量,需要持之以恒的学习,也就是孔子说的学而不厌。爱因斯坦不断强调的一个观点非常值得重视:"归根结底,一切人类价值的基础在道德。"王阳明先生在生命的最后时刻,以弱病之躯,甘冒兵戈,不顾肺病加足疮,为国驱驰万里。死前一年,他曾作诗《复过钓台》:

忆昔过钓台，驱驰正军旅。十年今始来，复以兵戈起。空山烟雾深，往迹如梦里。微雨林径滑，肺病双足胝。仰瞻台上云，俯濯台下水。人生何碌碌，高尚当如此。疮痍念同胞，至人匪为己。过门不遑入，忧劳岂得已。滔滔良自伤，果哉末难矣。

"疮痍念同胞，至人匪为己"，只有具备这样心量的人，才有可能打破时间和空间的束缚，上可以与古人对话，下可以给后人以巨大的精神力量。爱因斯坦虽还不足以当此，但他以巨大的科学成就，还能保持"无论男女老幼、飞禽走兽、树木花草还是日月星辰，在爱和理解中，让它们的欢乐成为你的欢乐，它们的痛楚成为你的痛楚"这般赤子之心，令人肃然起敬。书中记录了同为诺贝尔奖获得者弗里茨·哈贝尔（Fritz Haber）庆祝爱因斯坦50岁寿辰的一封信：

几百年后，路人都会知道我们这个时代是第一次世界大战时代；而受过教育的人则会把本世纪的前四分之一同你的名字联系在一起。正如今天，大家把十七世纪末称为路易十四战争时代，而有人则会称之为牛顿时代。

在道教典籍《重阳真人授丹阳二十四诀》中有一段对话：

马丹阳又问：何者名为长生不死？祖师答曰：是这真性不乱，万缘不挂，不去不来，此是长生不死也。

培养和呵护这颗人人都具有的赤子之心，是达到"真性不乱"生命状态的基础。

我们常常能感到有些人还活着，还在我们身边，时时给予教诲。

图书在版编目(CIP)数据

爱因斯坦谈人生/〔美〕杜卡斯(Dukas,H.),〔美〕霍夫曼(Hoffman,B.)编选;李宏昀译.—上海:复旦大学出版社,2013.10(2018.7重印)
书名原文:Albert Einstein, the human side:new glimpses from his archives
ISBN 978-7-309-10071-6

Ⅰ.爱… Ⅱ.①杜…②霍…③李… Ⅲ.爱因斯坦,A.(1879~1955)-人生哲学-通俗读物 Ⅳ.K837.126.11-49

中国版本图书馆CIP数据核字(2013)第223568号

Copyright © 1979 by the Estate of Albert Einstein Published by Princeton University Press, Princeton, New Jersey
In the United Kingdom: Princeton University Press, Chichester, West Sussex

All Rights Reserved
Fourth printing, 1989

著作权合同登记 图字:09-2013-304

爱因斯坦谈人生

〔美〕杜卡斯(Dukas,H.) 〔美〕霍夫曼(Hoffman,B.) 编选
李宏昀 译
责任编辑/张旭辉

复旦大学出版社有限公司出版发行
上海市国权路579号 邮编:200433
网址:fupnet@fudanpress.com http://www.fudanpress.com
门市零售:86-21-65642857 团体订购:86-21-65118853
外埠邮购:86-21-65109143
浙江新华数码印务有限公司

开本787×1092 1/32 印张5.25 字数73千
2018年7月第1版第3次印刷

ISBN 978-7-309-10071-6/K·448
定价:20.00元

如有印装质量问题,请向复旦大学出版社有限公司发行部调换。
版权所有 侵权必究